死刑と宗教

佐藤友之

現代書館

はじめに

死刑と宗教……。「いったいどんな関係があるのか」と、首を傾げる読者が多いかもしれない。

正直いって、わたしのなかで二つは長いあいだ別べつに存在していた。一方で生命の大切さを説きながら、もう一方で、国家の名において人の生命を奪う死刑とはいったい何かと問い返していくうちに、死刑と宗教との深くて強いつながりが見えてきたのだった。それを真っ先に、しかし、暗黙のうちに教えてくれたのは、何人もの死刑囚である。一九九七年八月一日、東京拘置所で処刑された永山則夫もその一人だった。

盗んだ銃で次つぎ四人を射殺した永山は、一九六九年四月、逮捕された。当時、十九歳だった。永山処刑の前後、マスコミは「神戸・児童連続殺傷事件」でわき返っていた。この事件を契機に、少年法の改「正」論議が再び三たび浮上する。「永山事件」は少年法のあり方を、初めて本格的に問い直させた事件でもあった。

囚われの身となった永山は自らと、自らの手がけた犯罪を凝視した。犯罪とは何か、人はなぜ犯罪を犯すのか？……。永山ほど真摯に真剣に悩み考え、苦しんだ者はいない。そうした思いを綴った獄中ノート『無知の涙』は、多くの共感を得てベストセラーになった。他に新日本文学新人賞を受賞し

た小説『木橋』など、数多くの作品を遺している。これらの作品はよく読まれているものの、永山の獄中歌、

この頃に聴こえ来れりし経の声　あの囚もかと慰みし心

は、あまり知られていない。

死刑囚監房では昼夜を問わず、読経の声が聞こえるという。死刑囚はつねに、死と隣り合わせに生きている。死刑は土曜・日曜、祝日など公務員の休日を除いた平日に執行される。月曜日から金曜日まで、死刑囚は朝目覚めるとともに神経をとがらせる。「もしかしたら、今度こそ、自分の番ではないか」と……。

死刑囚とは、殺されるためにのみ生かされている存在である。明日への望みを絶たれ、「人間金庫」と呼ばれる三畳一間の独居房へ拘禁され、友人、知人との面会・文通は原則禁止。家族と会うのさえままならない。房内にはテレビ・カメラが設置されていて、一日二十四時間監視されている。プライバシーはまったくなく、自殺する自由すら奪われている。

どうしようもない孤独。迫り来る死。このような状況に置かれたら、死刑囚でなくとも、宗教に救いを求めようとするだろう。精神的な支えとなるものがなければ、刑死の不安と恐怖にとうてい耐えられまい。彼らは自らのためだけに読経しているのではない。被害者の冥福を希《ねが》い、遺族への詫びの心をこめて、日夜祈りを捧げている。祈りは贖罪《しょくざい》につながると信ずることで、精神の安泰を得よう

としているのである。

死刑囚の平田直人は、『賽《さい》の河原に積む石いくつ』(私家版)という歌集を著している。「賽の河原」は、仏教の説く、死んだ子が行くという冥土にある三途の河原である。子どもの亡者は父母供養のため、河原の小石を拾っては積み上げる。そこへ鬼がやって来て、積み上げた石塔を壊す。積み上げても積み上げても壊される。転じて、「いくら積み重ねても無駄な努力」(『広辞苑』)をさすようになった。

死刑囚にとって牢獄は、まさに賽の河原であろう。この先、死しか待ち受けていないとしたら、生きながらに冥土に迷い込んだかのようである。仏教説話では、やがて地蔵が現れて子どもは助けられる。現実はそう甘くない。平田のことはのちにあらためて記すが、彼もまた処刑された。一度犯した罪は、贖《あがな》っても贖っても、許されないのだろうか?……。

死刑囚の多くが獄中で短歌や俳句をつくっている。この国では、はるか万葉の昔から、喜びや哀しみ、怒りや怖れなど心に浮かんだことごとを、歌に託してきた。そうした伝統がいまに息づいているのかもしれない。三畳一間の狭い空間に一日中閉じ込められている彼らは、ノートを広げて句作するとき、心をくつろがせるのか。作品の出来・不出来はともかく、死刑囚の心情をもっともよく伝えている。詳しくは拙著『死刑囚のうた』(現代書館)を参照していただきたいのだが、あらゆるテーマを「うた」にしている。宗教を詠んだ作品は多い。一、二紹介しよう。

読経の人皆恋し春寒し
合掌の爪に宿れり春の月

ともすれば挫けがちなる監房に　聖書をひらきて神のこゑ聞く

何ら注釈を加えなくとも、独居房で一人祈り続ける死刑囚の姿が目に浮かぶ。永山も獄窓を伝わってくる読経の声に接して、心慰められる思いであったのに違いない。それにしても、なぜ宗教なのか。死刑囚の「うた」を一冊の本にまとめながらも、問い返さずにいられなかった。

「メッカ殺人事件」。いまではすっかり忘れられた事件である。ごく簡単に事件の概略を記すと、一九五三年七月、東京・新橋のバー「メッカ」で資産家が殺害され、まもなく三人の男たちが逮捕された。主犯の正田昭は裕福な家庭に育ち、一流大学を卒業して、一流会社へ勤めていた二十四歳の若者だった。マスコミは「エリート人間が遊ぶ金欲しさに企てた犯罪」と、書き立てた。

母親から相談を受けた弁護士の正木亮は真っ先に、「私は信仰心はないけれども、息子さんを入信させなければなりませんよ」と説いた。正田はキリスト教（カトリック）の洗礼を受け、六九年十二月に処刑されるまで、模範囚として過ごした。この間に獄中で書き綴った『黙想ノート』に正木は「序文」を寄せて、母親に弁護を依頼された経緯を語っている。

なぜ宗教なのか。正木に問うつもりはない。正木も「序文」では答えていない。死刑囚の置かれた状況を考えると、心の糧となるものが必要なのは、よくわかる。現実に、多くの死刑囚が宗教に帰依している。だが、わたし自身を含めて、日本人は一般に宗教的知識に乏しく、宗教に対して無節操なだけに、「なぜ？」と問わずにいられないのである。

日本人の宗教心のなさは、街の様子を少し眺めればいやでも気づく。〝宗教的行事〟の重なる年末から年始の時期、それは象徴的に現れる。クリスマスを祝ってわずか一週間、寺で除夜の鐘を聴いたその足で、神社へ初詣で。結婚式はキリスト教。子どもが生まれると、またまた神社に詣でて七五三。そして、人生最後のセレモニー（葬儀）は、僧侶に託す。こんな目茶苦茶な国は、他にない。信仰心もないのに宗教をすすめるのも、日本ならではだろう。

逆に考えてみよう。宗教者は死刑をどのようにとらえているのか。

ごく大まかにいって、世界は大きく、仏教文化圏、キリスト教文化圏、イスラム教文化圏の三つにわけられる。いうまでもなく、それぞれ幾つもの宗派に分かれている。他にヒンドゥー教やユダヤ教のように、長い歴史をもつ宗教があるし、土着の宗教はそれこそ数え切れない。

これも当然のことながら、仏教文化圏といっても、住人のすべてが仏教徒ではない。クリスチャンやモスリム（イスラム教徒）も、大勢いっしょに暮らしている。無神論者も多い。他の文化圏でも大差ない。完全に〝線引き〟できるはずはないし、するつもりはない。あくまで一つの目安に過ぎないのをお断りしたうえで続ければ、三大宗教文化圏の中で死刑を廃止したのは、キリスト教文化圏だけである。ポルトガル・スペインはいち早く、およそ百年前、一般刑事事件については死刑を廃止した。

日本を含めた仏教文化圏は、死刑廃止にむけてようやく本格的に動き出した。イスラム教文化圏はいまだに、「目には目を、歯には歯を」の刑罰観（イコール宗教観）が支配的である。ヒンドゥー教の教典『マヌ法典』は、死刑を含む刑罰規定を設けている。それでいながら、ヒンドゥー教徒のもっとも多い国ネパールは、一九九〇年、民主化の一環として死刑を廃止した。

視点を変えよう。

いわゆる先進国の中で、いまだに死刑制度を維持しているのは、日本とアメリカの一部の州だけである。「いまだに」というのは、一九八九年、国連は死刑廃止条約を締結（発効・九一年）した。日本とアメリカはいまだに条約を批准していない、との意味である。

しかし、この二つの国の死刑制度はまったく異なる。同列に並べて論ずるのは誤りではないか、と思うほどである。のちにあらためてふれよう。日本は一九八九年十一月から九三年三月まで、事実上、死刑停止状態にあった。この間に就任した四人の法務大臣は、死刑の「執行命令書」にサインしなかったからである。九三年三月、死刑執行を再開した法務大臣の後藤田正晴は、「法務大臣が執行命令を出さなければ、国の制度がゆがむ」と、暗に四人を非難した。

批判の矢を向けられた一人、真宗大谷派の僧でもある左藤恵は、「私は（宗教的）信念にもとづいて、『執行命令書』にサインしなかった」と、語っていた。

左藤の発言もまた、時代の動きを感じさせた。

歴史を振り返ると、宗教はかならずしも死刑に反対ではなかった。いち早く死刑を廃止したキリスト教文化圏でも同じである。というより、ヨーロッパにおける「暗黒の中世」を彩ってきたのは、キリスト教そのものだった。日本でもここ最近、死刑に反対の宗教者がふえている。世の中は確実に変わりつつあるけれども、宗教と死刑との〝結びつき〟は、明治に入って現在の死刑制度の原型ができて以来、変わらない。宗教を無視して、死刑制度は語れないといえるほどである。

宗教を機軸に、死刑とは何か、考えてみたい。多くの宗教は、生命の尊厳を説いている。そうであるならば、宗教は死刑制度を変えられるのだろうか？……。

死刑と宗教／目次

装幀／山崎登

第一章　死刑台への道筋で

死刑台への最初の入口

「警察であんなにきびしい取り調べを受けなければ、無実の罪をきせられなかった」「死刑判決は受けなかった」……獄中で、何人もの死刑囚が訴えている。

死刑と宗教は、いったいどのようにかかわっているのか？……この難問を解くには、簡単にでも捜査と裁判の〝仕組み〟にふれておかなければならない。後述するように、アメリカと日本の死刑制度のもっとも大きな違いの一つは、このあたりにある。

警察は被疑者（マスコミのいう「容疑者」）を、いとも簡単に逮捕できる。被疑者Xは、顔なじみの飲み屋にわずか一万数千円のツケをためて、詐欺の容疑で逮捕された。被疑者Yは一杯飲んでの帰り、尿意をもよおした。道路でするわけにいかない。たまたま通りかかった家の裏門が開いていた。用をたして出てきたところを、住居不法侵入の現行犯で逮捕された。警察はYを二十四時間尾行していたのである。いったん警察ににらまれたら、逃れようがない。

逮捕された被疑者は少なくとも二十三日間、警察の留置場に拘禁され、来る日も来る日も早朝から深夜まで、たった一人で取り調べられる。憲法(第三十八条)は「何人も、自己に不利益な供述(自白)を強要されない」と定めているものの、最高裁は、一日二十時間一睡もさせずに取り調べても、自白の強要にあたらないとの判断を示している。憲法の権利規定は、まったく役に立たない。

二十三日以内に自白しないばあい、警察は別の容疑を探してきて再逮捕する。再逮捕・再起訴をくり返すと、拘禁期間はなかば際限なく延びていく。二カ月、三カ月はざら。半年余り拘禁されている者も少なくない。長期にわたる取り調べで、心身ともに疲れはてた被疑者は、ときに、犯してもいない罪を認めてしまう。いうところの、自白の罠へと陥っていく。「無実なのに、なぜ自白したのか」と問われて、ある冤罪者は、

「警察の取り調べはどんなにきびしいか、とても口では説明できない……連日連夜にわたる取り調べから逃れたかった。自白すれば裁判で不利になるのはわかっていたけど、先のことなんか考えている余裕はなかった」

と、自らの体験を語っている。

警察は被疑者を自白へ追い込もうとする。それは、自白の証拠価値がもっとも高いからである。検察官出身の学者・評論家として著名な土本武司は、検察官時代に著した『犯罪捜査』(弘文堂)のなかで書いている。

「(裁判官は、被告人の)自白がないかぎり、客観的・外形的事実だけではなかなかこれを(有罪と)認定しない、わが国の裁判の実情にかんがみ、検察官は、情況からすれば間違いなく〝黒〟と思われる

事件についても、主観的要素についての証拠（自白）面で、もう一歩踏み切れず、〝黒〟に近い〝灰色〟としてやむなく起訴を断念する事例は少なくない」（かっこ内は引用者）

「わが国の裁判の実情にかんがみ……」と、検察出身の土本はまるで裁判官に責任があるかのような書き方をしている。検察官と裁判官のどちらの責任にせよ、検察官に「自白がなければ起訴しない」といわれれば、警察は被疑者を自白に追い込まないわけにいかない。検察官が起訴しないということは、少なくとも、送検する必要のない被疑者を送検した、ということなのである。

そして、被疑者を自白に追い込むシステムができている。くり返しになるが、最低でも二十三日間に及ぶ身柄拘禁、連日連夜にわたる取り調べ。このような捜査のシステムによって無実の者は冤罪をきせられ、有実の者（「無実」という言葉があるのだから、「有実」という言い方があってもよいだろう）は、より重い刑を科せられている。抽象論に陥らないように、ある強盗殺人死体遺棄事件を例に挙げよう（事件関係者はすべて仮名）。

不動産会社を経営していた太田一郎は、同業者の鈴木和夫を殺害。現金を強取したうえ死体を遺棄したとして、強盗殺人・死体遺棄の容疑で逮捕・起訴された。

「たしかに、鈴木さんを死に至らしめました。しかし、強盗殺人じゃないんです……」と、太田は事件を振り返る。

土曜日の夜、鈴木は自宅へ電話してきた。

「少しまとまった金が入ったので、小野さんに土地の手付金を払いたい。明日の日曜日、いっしょに行って、残金はしばらく待ってくれるように頼んでほしい」

太田は小野の所有する土地を、鈴木に斡旋・仲介していた。この業界では、同業者間の取り引きはさしてめずらしくない。

「明日ですか……」

太田は一瞬ためらった。明日、家族と買い物に行くことにしていた。鈴木にしつこくせがまれ、やむなく承諾した。別件で鈴木に貸しがあった。その返済を求めるつもりだった。互いの自宅から中間点にあたる太田の会社で落ち合うことにした。

約束の時間より少し遅れて、鈴木はやって来た。簡単な挨拶を交わしたあと、太田はおもむろに訊いた。

「あなたにお貸しした金は、いつ返してくれるのですか」

「この件がまとまったら払う」

「それはないでしょう。約束の期日はとっくに過ぎているんですよ」

「成り上がり者はすぐに金だ」

鈴木は口汚くなじった。

「何っ！」

太田も負けていなかった。

些細な口論が殴り合いのケンカに発展した。四十代の太田にとって、六十歳を過ぎた鈴木は敵ではなかった。鈴木は倒れた拍子に頭をテーブルの角に打ちつけたらしく、そのまま息絶えた。

この日は日曜だった。社員は一人も出社していない。〝惨劇〟の跡を片づけ、深夜になって、鈴木が手付金として持参した五百万円の現金を奪い、死体は近くの山中へ遺棄した……事件を振り返って、太田は続ける。

「とんでもないことをした。警察へ連絡しなければ、と思ったのです。しかし、つぎの瞬間、警察ざたになれば、マスコミに書き立てられる。会社は倒産に追い込まれる。社員も家族も路頭に迷う。どうしたものかと考えているうち、隠せるものならと……一瞬の気の迷いでした。現金は奪ったのでなく、貸付金の一部を返済してもらったというつもりでした」

ほぼ一カ月後、太田は死体遺棄の容疑で逮捕された。彼は全面的に犯行を認めた。

「鈴木さんとご遺族に、ほんとうに申しわけないことをしました。なんとお詫びしてよいか、言葉もありません。でも、殺意はまったくなかったのです……」

彼は事件の模様をこと細かに供述した。刑事たちはみなまで言わせなかった。

「ウソ言うな」

「そんな話を信じられるか」

「鈴木を騙して誘い出し、持参してきた金を奪ったのだろう。ほんとうのことを言え」

何人もの刑事が、寄ってたかって責めつけた。

取り調べはしばしば深夜に及んだ。当初、太田は必死で弁解した。「弁護士を呼んでほしい」とも頼んだ。

「弁護士を呼べだと!! きいたふうな口をぬかすな。弁護士は裁判になるまで頼めねぇんだ」

こうした取り調べが一週間、十日と続いた。肉体的、精神的に疲れはて、「とにかくこの場から逃れたい」と、ついに、警察の言いなりになった。

「鈴木を騙して事務所へ呼び出して殺害し、手付金として持参した現金を強奪した」とする自白調書がつくられた。

逮捕から二十三日後、捜査当局は死体遺棄罪で太田を起訴すると同時に、この自白にもとづいて、強盗殺人の容疑で再逮捕した。

取り調べはさらに二十日間続いた。捜査当局は強盗殺人で起訴すると、太田の身柄をようやく拘置所へ送った。最初の逮捕からこの間、四十三日経っていた。

刑法(第二百四十条)は、強盗殺人罪を無期懲役ないし死刑と定めている。情状酌量の余地があれば無期懲役、なければ死刑である。むろん、自白が偽りなら、強盗殺人にあたらない。そのためには、自白は偽りだと証拠にもとづいて証明しなければならない。いったいどうやったら証明できるのか……。

問題多い捜査のシステム

被告人として法廷に立った太田は、

「警察で連日連夜きびしい取り調べを受けて、心ならずもウソの自白をしたのです。私は断じて強盗殺人罪を犯していません」

と、主張した。

民事・刑事にかかわらず、裁判は「主張」と「立証」でなりたっている。主張は、〝言い分〟であり、立証とは、証拠にもとづいて証明すること。「心ならずもウソの自白をした」という主張を認めてもらうためには、「警察で自白を強要（強制）された」と立証しなければならない。

いささか専門的になるけれども、自白はつぎに掲げる二つの要件を満たしたとき、証拠価値があるとみなされる。
①他の証拠や証言と完全に一致する。
②被告人は不法に拘禁されず、捜査当局による拷問、脅迫、強要は一切受けず、自らの意志で任意に自白した。
①はつぎのようなケースを考えていただきたい。被告人（捜査段階では、被疑者）は、「被害者をナイフで刺し殺した」と自白したとしよう。この自白が事実なら、被告人は犯行に使ったナイフを所持しているか、少なくとも所在を知っていなければならない。かりに捨てたとしたら、捨てた場所を特定できなければならない。また、被害者の体には凶器のナイフにみあう刺し傷があるはずである。
①はウソの自白を証拠から排除する〝法則〟である。ウソの自白は、他の証拠や証言と矛盾する。比較的見極めやすい。②は憲法第三十八条の権利規定にもとづいている。
「一、何人も、自己に不利益な供述を強要されない。
二、強制、拷問若しくは脅迫による自白又は不当に長く抑留若しくは拘禁された後の自白は、これを証拠とすることができない。
三、何人も、自己に不利益な唯一の証拠が本人の自白である場合には、有罪とされ、又は刑罰を科せられない」

捜査当局は取り調べにあたって、自白を強要してはならない（第一項）。強制、拷問、脅迫によらず、適正な法手続きにしたがって、被疑者・被告人本人自らの自由な意志によってなされた供述（自白）を、専門用語で「任意性のある自白」という。

「太田事件」では、①は裁判の争点にならなかった。太田は自分の事務所で鈴木を死に至らしめ、現金を奪って死体を遺棄した。事実関係は大筋において争いはない。問題は動機だった。

故意か過失か。捜査当局は故意説をとって、強盗殺人罪を適用した。太田は捜査段階で「金を奪うために、鈴木を事務所へ招いた」と自白していた。この自白が検察側主張の大きな拠り所となった。太田自身は、警察のきびしい取り調べに耐えられなくて、意に添わない自白をした、という。この主張を裏付けるのは、いかに腕のいい弁護士でも、事実上不可能なのである。

理由は大きくわけて二つある。一つは、取り調べの方法。取り調べに第三者の立ち会いは許されない。取調室は密室である。「自白を強制された」と証明しようがない。法廷で自白の任意性が争点になると、検察側はたいがい、取り調べ担当刑事を証人申請する。「自白を強制したかどうか、取り調べ担当刑事が一番よく知っている」と。

証人として出頭した刑事に、検察官はおもむろに尋ねる。

「被告人は警察で自白を強制された、と主張しています。いかがですか？」

刑事は神妙な顔で答える。

「自白を強制したなんて、とんでもありません。被告人は『刑事さんにまでご迷惑をおかけして申しわけありません。被害者のご冥福を祈るためにも、ほんとうのことを申し上げます』と、涙をこぼしながら、すすんで自白したほどです」

被告人と刑事のどちらかがウソをついている。被告人の話が真実なら、刑事は偽証していることになる。その立証が不可能なのである。もとより、被告人の主張は証拠にならない。

もう一つは司法のあり方。さきに、警察で二十時間ぶっ続けに取り調べられた被疑者の例をあげた。ちょっと想像していただきたい。取調室で、被疑者は固いパイプ椅子に座らせられる。二時間、三時間と経つうちに、尻は耐えられないほど痛くなる。それでも、同じ姿勢を保たなければならない。脚を組もうものなら、「何だその恰好はっ！」と、刑事の怒鳴り声が飛ぶ。トイレにも容易に行けず、喉が渇いても、三度の食事時間以外に水一杯飲めない。こうした取り調べが二十時間続く。わたしにいわせれば、拷問以外のなにものでもない。しかし、最高裁は自白の強制はおろか、強要にもあたらないと判断した。司法は警察・検察の味方である。

人権先進国では、この種の問題はおきない。まず、被疑者は捜査当局の手元に長期間拘禁されることはない。たとえば、アメリカのばあい、数時間からせいぜい三十六時間に限られている（州によって異なる）。取り調べには、弁護士の立ち会いが認められている。弁護士の立ち会いなしにつくられた自白調書は、証拠から排除される。

ついで、被告人の有罪・無罪は、市民の中から無作為に選ばれた陪審員が決める。検察官は陪審員を説得するだけの有罪証拠を集めなければならない。刑事がのこのこ法廷へやって来て、「被告人は涙ながらに自白した」などと証言しても、陪審員は耳を貸さないだろう。あなたが陪審員なら、二十時間一睡もさせずに取り調べたというだけで、拷問と判断するのではあるまいか。陪審制については、のちに補足する機会がある。

死刑と無期の〝分岐点〟

死刑を唯一の刑罰とする犯罪は、日本にはたった一つしかない。外患誘致罪である。外国（人）と結託して、日本国に武力を行使する罪をいう。刑法（第八十一条）は、主犯・従犯の別なく全員死刑と規定している。外患誘致罪は、かつて一度も適用されたことがない。外患誘致罪で処刑された者は一人もいないのである。いったい何のための処罰規定か。

この外患誘致罪を唯一の例外として、法律は刑罰に〝幅〟をもたせている。殺人罪はその典型だろう。刑法（第百九十九条）は、「人を殺した者は、死刑又は無期若しくは三年以上の懲役に処する」と、うたっている。

人を殺せば、死刑に処せられるかもしれないが、懲役三年ですむかもしれないのである。懲役三年なら、裁判官の判断一つで執行猶予がつく。刑務所へ収容されることすらない。刑罰の幅の広さ……言葉を換えればあいまいさは、日本の死刑制度を特別のものにした。

殺人に強盗・放火・誘拐・強姦などがからむと、刑罰の幅はずっと狭くなって、死刑か無期懲役のどちらかになる。情状酌量の余地があれば無期、なければ死刑である。情状酌量の有無が死刑と無期の〝分岐点〟である。情状酌量とは何か。

言葉の意味は、「刑事裁判において、裁判官が被告人に有利な情状を酌みとること」（『広辞苑』第五版）である。いかなるケースにどう酌みとるか、法は何も定めていない。判断はすべて、裁判官にまかせている。じっさい、同じ事件で、一審（地裁）の裁判官は無期懲役の判決を下し、二審（高裁）の裁判官は死刑判決を下すといったケースはめずらしくない。こうした現実を踏まえていえば、一般に、

①裁判官の前で「改悛の情」を示す
②被害者（遺族）の赦《ゆる》しを得る

の二つをクリアーしないと、情状酌量の対象にならない。

①の「改悛」は、犯した罪を悔い改めること。罪を悔い改めるにはどうしたらよいか。また、どうしたら悔い改めたことになるのか。宗教や哲学ともからむ大問題である。犯罪を企てた者は生涯を費やして、この問いに答えなければならない。しかし、時間は限られている。司法の現場に目を向けると、それがよくわかる。「太田事件」を思い出しながら、お読みいただきたい。

裁判を傍聴したことがあるだろうか。法廷の一番奥の一段高い場所に裁判官席。真下に書記官席。その前に「証言台」が置いてある。高さ七〜八十センチ。幅五〜六十センチのテーブルである。証言台の後ろに、法廷と傍聴席を仕切る衝立《ついたて》がある。

傍聴席から見て、右側に弁護人席、その前に被告人席。左手に検察官席がある。あるいは、検察官席は右で、被告・弁護人席は左。被告人席は衝立の前だったりする。

第一回公判。裁判長はまず、被告人席へ向かって、

「被告人は前へ出なさい」

と、声をかける。

証言台の前に進み出た被告人に、裁判長は名前や生年月日、住所などを訊ねる。裁判官は、いま初めて被告人と顔を合わせた。目の前に立っているのは、ほんとうにこの事件の被告人か、確かめるためにいくつか質問する。これを法律用語で「人定質問」という。人定質問が終わると、裁判長は検察官に起訴状の朗読を命ずる。

起訴状朗読のあと、裁判長は再び被告人に向かって黙秘の権利を告げ、「あなたは起訴事実を認めますか」と訊く。この一連の手続きを、同じく法律用語で「罪状認否」という。被告人は原則として、「イエス」か「ノー」で答える。回答を保留したり、裁判長の許可があれば、意見を述べられる。

「太田事件」の被告人・太田一郎は、同業者の鈴木和夫を事務所におびき出して殺害。現金を強取したうえ死体を遺棄したとして、強盗殺人・死体遺棄の容疑で起訴された。法廷に立った太田は、

「鈴木さんを殺害し、死体を山の中へ遺棄したのは事実です。鈴木さんはじめご遺族の方に、なんとお詫びしたらよいか。お詫びの言葉もありません。しかし、断じて強盗殺人ではありません。もともと、ただのケンカです。連日連夜にわたる警察のきびしい取り調べに耐えられず、強盗殺人とする自白へと追い込まれていったのです」

と、起訴事実の一部を否認した。

彼は早くもこの時点で、第一の〝関門〟をくぐり抜ける資格を失った。情状酌量を得るには、警察のきびしい取り調べで自白に陥り、より重い罪で起訴されようと、「悪うございました。今後二度と罪を犯しませんから、なにとぞ寛大な処分をお願いします」と、裁判官にひたすら懇願しなければな

らない。

裁判官の前で「改悛の情」を示さなかった太田だが、犯した罪を深く悔いていた。起訴後、拘置所へ身柄を送られると、鈴木の冥福を願って日夜、祈りを捧げていた。やがて、仏教に帰依し、鈴木の妻に何通となく詫び状を書いた。返事はハガキ一枚来なかった。②の被害者(遺族)の赦しを得るのも、また、むつかしい。

愛する家族の生命を奪われた遺族にしてみれば、詫び状を何十通、何百通もらおうと、簡単に赦せないだろう。だが、囚われの身の加害者に被害者の冥福を祈り、遺族に詫び状を書く以外に、いったい何ができるだろうか。傷ついた被害者(遺族)の心はどうやって癒《いや》すのか。死刑を廃止するには避けて通れないテーマである。ヨーロッパ各国は論議を重ね、相応の対策を立てている。のちに詳しく紹介しよう。

死刑台へ追いやる司法システム

逮捕から死刑台までの道筋をざっとたどっておこう。その過程で、死刑制度の持つさまざまな問題点がみえてくる。

日本は三審制を採用している。地裁(一審)判決に不服があれば高裁(二審)へ、高裁判決に納得できないときは、さらに最高裁(三審)へ異議を申し立てられる。一審判決に対する異議申し立てを法律用語で「控訴」、二審判決に対するそれは「上告」という。法律知識にとぼしいわたしたちにとって、刑事手続きは難解きわまりない。だが、避けて通れない。具体例を挙げると、ややわかりやすくなる。

かりに、Aという二十歳の若者が秋田市内で強盗殺人事件を起こして、地元の警察に逮捕されたとしよう。捜査取り調べの末、検察官はAを強盗殺人罪の容疑で秋田地裁へ起訴した。裁判所の〝縄張り〟(法律用語で「管轄」)は、法で細かく決められている。秋田市内で起きた事件は原則として、秋田地裁で審理する。軽微な事件は簡易裁判所へまわされる。

起訴をもって、捜査は終わる。Aは警察の留置場から拘置所へ送られる。

地裁は日本中の主な都市にあり、同じ地域内に拘置所が設置されている。Aら被告人はここへ収容されて、裁判に臨む。

一審の秋田地裁は、Aに無期懲役の判決を下したとしよう。何度もくり返すけれども、強盗殺人罪は無期懲役か死刑である。情状酌量の余地があれば無期、なければ死刑である。控訴しても、無期懲役より軽くはならない。

「無期といっても、まじめに勤めればいずれ(実社会へ)戻れる」と弁護士や両親にさとされて、Aは判決に従うことにした。ところが、検察側が上訴した。控訴・上告ともに上級の裁判所へ異議を申し立てることなので、「上訴」という。人権先進国は検察側の上訴を認めていない。一審判決に被告人が納得すれば、裁判はその時点で終わる。無期懲役の判決は確定して、Aは無期囚として刑務所へ収監される。

日本は検察官の上訴を認めている。被告人に有利な一審判決が、高裁あるいは最高裁で、くつがえされるのも、さしてめずらしくない。「はじめに」で紹介した永山則夫もこのような司法システムのもとで処刑された。

一審の東京地裁は、永山に死刑判決を下した。二審の東京高裁は、一審判決をくつがえして無期懲役とした。事件当時、永山は十九歳だった。犯行時二十歳未満の未成年者には少年法が適用される。その少年法は、最高刑を無期懲役としている。少年法にもとづくなら、死刑判決は誤りなのである。

検察側は判決を不服として最高裁へ上告した。最高裁は検察側の主張をいれて二審判決を破棄、高裁へ差し戻した。裁判のやり直しを命じたのである。高裁はあらためて死刑判決を下した。こんどは、永山が上告した。最高裁は訴えを認めなかった。九〇年五月、永山の死刑は確定した。

検察官の控訴によって、無罪から一転、死刑になったケースすらある。

一九六一年、三重県名張市の農村地帯で毒殺事件が起きた。俗に、「名張毒ぶどう酒事件」と呼ばれている。地域の公民館で開かれた懇親会の席上、農薬入りのぶどう酒が配られ、五人が死亡した。いまやすっかり忘れられたけれども、当時、日本中の注目を集めた。

捜査当局はやがて、近くに住む奥西勝を逮捕・起訴した。被害者の中に彼の妻がいた。「浮気した妻を殺害するための犯行」と、捜査当局はみなした。きびしい取り調べで、奥西は犯行を認めた。しかし、自白以外に確たる証拠はない。一審は無罪の判決を下した。検察側は控訴。二審で逆転有罪(死刑)。奥西は最高裁へ上告して無罪を争った。七二年四月、最高裁は奥西の訴えを退けた。以来、奥西は死刑確定囚として名古屋拘置所へ収容されている。

いまさらいうまでもなく、民主主義の基本は司法・立法・行政の三権分立である。司法は公正で中立……わたしたちはすでに中学生のときにならった。こうした裁判をみていると、裁判官はほんとうに公正・中立なのか、首を傾げないではいられない。個々の裁判官は真摯に真剣に審理しているのかもしれないが、国側（検察側）に有利な判決を下すと、

「国に雇われている裁判官が、国に批判的な判決を下せるはずがない」

と、多くの人たちはみなす。

現実に被告人の九九・九パーセントが有罪判決を受けている。裁判官に対する信頼がゆるげば、民主主義はゆるぐ。そこで、人権先進国では司法の公正・中立を保つための制度をもうけている。Aの〝その後〟を追うことにしよう。

Aは一審の秋田地裁で無期懲役の判決を受けた。Aは判決に従うつもりだったが、検察側は量刑不当を理由に控訴した……この事件にはモデルがある。問題点をより具体化するために、事件現場を秋田へ移した。

高裁は全国に八つある。北から札幌、仙台、東京、名古屋、大阪、広島、高松、福岡の八カ所である。一審が宮城・秋田以北、青森以南の事件は、仙台高裁の〝扱い〟。北海道内の事件は札幌高裁、九州は福岡高裁と、各高裁の管轄は法で細かく決められている。

控訴にともなって、Aの身柄は、秋田拘置所から仙台拘置所へ送られる。他の地域でも同じで、被告人の身柄は高裁所在地の拘置所へ移される。念のために補足しておくと、仙台拘置所の正式名称は、宮城刑務所仙台拘置支所。刑務所の一角を仕切って、拘置所として使っている。同種の拘置所は少なくない。

仙台高裁は一審判決をくつがえして、死刑判決を下したとしよう。Aは最高裁へ上告できる。上告

しなければ、二審判決（死刑判決）が確定する。

最高裁はたった一カ所、東京にしかない。最高裁は原則として実質審理をしない。わかりやすくいえば、二審判決に法律上の誤りはないか、書面の上で調べるだけなのである。被告人を出頭させることはないので、Ａは高裁所在地の拘置所へそのまま拘禁されている。

日本の刑事手続きは、例外規定がきわめて多い。たったいま、最高裁は原則として実質審理をしないと述べたばかりだが、死刑事件（二審が死刑判決を下した事件）に限って、一回だけ公判を開く。「公判」といっても、事件担当の検察官と弁護人を法廷へ呼んで、「意見」を陳述させるだけなのである。

ふつう、法廷での発言（事件当事者の陳述、証人の証言など）は、すべて速記しておく。いうまでもなく、のちに証拠として使うためである。

最高裁の法廷に速記者の姿はない。検察官・弁護人ともに、陳述すべき「意見」をあらかじめ文書で提出している。速記どころか陳述する必要すらない。法務当局にとって欠くことのできない〝セレモニー〟なのである。死刑に批判的な意見の一つに誤判がある。誤って死刑判決を受けた者が何人もいるからだ。誤判が問題になると、法務当局は常づね、「死刑事件は慎重なうえにも慎重に審理している」と、弁明している。

その論拠が、最高裁で開かれる一度の公判なのである。

公判からおよそ一、二カ月後、最高裁は判決を下す。機会があったら、判決公判をぜひ傍聴していただきたい。著名な事件の公判日時を、マスコミは報道している。判決公判はだいたい、平日の午後一時三十分に開かれる。二、三十分前に最高裁の裏門（南門）へ行って傍聴券をもらわないと、庁舎内へ入れない。

傍聴席で待つことおよそ十分。一段高くなった裁判官席に裁判官が腰を下ろし、廷吏が開廷を告げる。裁判長はこれに応えて、「これから判決を申し渡す」といい、一段声を張り上げて、「本件上告を棄却する」と、判決主文を読み上げる。

このひと言で、裁判は終わりである。廷吏が開廷を告げてからこの間、一分かからない。

上告は二審判決に対する異議申し立てである。上告棄却とは、「二審判決に対する異議申し立ては認めない」との意味である。裏返せば、Aを死刑とした二審判決を、最高裁は適法と認めた、ということである。

最高裁の判決であろうと、誤りがあれば、訂正を申し立てられる。判決に誤りはないか。調べるのに三～五週間かかる。このことは死刑囚処遇を考えるうえで重要な意味がある。のちにあらためてふれよう。

死刑判決が確定すると、Aは原則として処刑の日まで、仙台拘置所にそのまま拘禁され続ける。死刑台は高裁所在地の拘置所に設置されている。唯一の例外は高松拘置所。ここに刑場はなく、死刑確定囚は大阪拘置所へ移される。

死刑台への道筋を、おおまかにたどった。「おおまかに」というのは、〝脇道〟がいくつもあるからだ。

法と現実のギャップ

死刑判決の確定から執行まで、平均六〜七年だろうか。統計資料のようなものはない。あるのかもしれないが、公にされていない。はっきりしたことはわからない。当の死刑囚は、刑死の恐怖と不安におびえながら、三畳一間の独居房で過ごしている。

死の淵に追いやられた死刑囚は、何をこころの拠り所にしているだろう。しばらく考えていただくことにしよう。法律(刑事訴訟法。略して、刑訴法)は死刑執行にいくつも〝歯止め〟をもうけている。

まず第一に、死刑は他の刑罰と違って、法務大臣が「執行命令書」にサイン(署名・捺印)するまで執行されない。刑訴法は、「法務大臣は死刑判決が確定してから六カ月以内に執行命令を下さなければならない」旨定めているものの、罰則はない。じじつ、「執行命令書」にサインしない法務大臣が何人もいた。また、死刑囚が、

①上訴権回復
②再審請求
③恩赦出願

を申し立てたばあい、その手続きが終了するまで、死刑は執行されない。

①の上訴権回復は、控訴・上告の権利を回復すること。例を挙げたほうがわかりやすい。

一審で死刑判決を受けた甲は絶望のあまり一時的な精神錯乱状態に陥って、控訴の手続きをしなか

ったとしよう。控訴期間（一審判決が出てから、土・日・祝日を除いて十四日間）を過ぎると、判決は自動的に確定する。しかし、甲は精神錯乱状態に陥っていたと証明できれば、上訴権は回復する。高裁あるいは最高裁段階で、控訴・上告を取り下げたときも同じである。

②の再審請求は、耳にされた方が多いだろう。わかりやすくいえば、「確定判決に誤りがあるから、もう一度裁判（審理）をやりなおしてほしい」という請求である。一九八〇年代に入って、「免田事件」の免田栄、「島田事件」の赤堀正夫ら四人の死刑囚が、再審裁判であいついで無罪になった。

③の恩赦は、ひと言でいえば、司法の下した判決を行政の権限で破棄したり、軽減する処分である。恩赦は大きく「政令恩赦」と「個別恩赦」の二つにわけられる。政令恩赦は、政令にもとづく恩赦である。戦前まで、天皇家に冠婚葬祭などの行事があったばあい、恩赦の〝大盤振る舞い〟をした。昭和天皇が即位したとき、死刑囚は全員、無期懲役に減刑された。その死に際して、政府は選挙違反など特定の事犯に限って恩赦をほどこした。

個別恩赦は、「個別」という呼称から想像できるように、死刑囚を含めた全受刑者がそれぞれ別個に恩赦を願い出ることである。一定の条件を満たさないと、恩赦は出願できない。死刑囚は判決が確定して十年経たないと〝出願資格〟を得られない。刑が確定しないと、恩赦の対象にならないところに、〝落とし穴〟がある。

一九九七年八月一日、永山則夫は断頭台の露と消えた。同じ日、北海道の札幌拘置所で日高安政・信子の夫婦が処刑された。夫婦そろって死刑台へ送られたのは、戦後初めてといわれている。二人は暴力団員と共謀して保険金詐欺を企てた。八四年五月、自らが経営する夕張市の炭鉱下請会社「日高工業」の従業員寮に放火。従業員ら七名を死亡させたとして逮捕・起訴された。地元では「夕張保険金殺人事件」と呼ばれていた。

八七年三月、一審の札幌地裁は日高安政・信子に死刑、共犯の暴力団員に無期懲役の判決を下した。日高夫妻は量刑不当を理由に、札幌高裁へ控訴した。二審がはじまった矢先の八八年夏以来、マスコミは昭和天皇の病状を日々伝えていた。翌八九年一月七日、天皇は病死した。

日高夫妻は恩赦(政令恩赦)を期待して、控訴を取り下げた。いまも述べたとおり、判決が確定していないと、恩赦の対象にならないからである。この時期、何人もの死刑囚が控訴・上告を取り下げた。やがて、皇太子が即位する。昭和天皇のときと同じように、無期懲役への減刑を期待したのだろう。しかし、死刑囚を含む一般刑事囚に恩赦は適用されなかった。

恩赦の恩恵に与《あずか》れないと知った日高夫妻は、「われわれは昭和天皇の死去にともなう恩赦を過信して控訴を取り下げた。重大な錯誤だったので、裁判を再開してほしい」と、前出①の上訴権回復を申し立てた。九七年六月、裁判所は申し立てを棄却。すべての手続きは終了したとして、二カ月後に処刑したのである。

未決・既決を問わず、一度でも死刑判決を受けて拘禁されている者を、一般に「死刑囚」と呼んでいる。「未決」とか「既決」とか、初めて耳にしてとまどわれている読者がいるかもしれない。未決と既決は、死刑囚の身分や処遇にかかわる重大な問題である。「未決」は、文字どおり、未だ刑の決まっていないこと。具体的には、被告人をさす。いっぽう、「既決」は刑の決まった(判決の確定した)死刑囚である。法的正確さにこだわるなら、未決の死刑囚はいない。被告人は法律上、無罪の推定を受けている。たとえ一・二審で死刑判決を受けても、判決が確定するまで、死刑囚ではない。にもかかわらず、「既決の死刑囚」「未決の死刑囚」という言い方をするのは、先を読みすすめるうちに理解していただけるだろう。

最高裁の死刑判決を受けた甲はただちに、判決の訂正を申し立てた。申し立ては却下され、判決は確定した。この間三〜五週間かかると前述した。

高裁ないし最高裁で死刑判決を受けた者は、判決が確定してもそのまま高裁所在地の拘置所へ収容され続ける。他の刑罰……たとえば、懲役刑であれば刑務所へ送られる。執行猶予がつけば、判決が出ると同時に釈放される。死刑囚の収容場所は、基本的に確定前と同じである。だが、獄中処遇はすっかり変わる。なかでも、外部交通はもっとも大きな変化をみせる。獄中処遇や外部交通などの監獄用語は、初めて耳にする方がいるかもしれない。簡単に説明しておこう。

監獄はなにもかも規則ずくめである。朝起きてから夜寝るまで、規則、規則、規則！　すなおに信じられないかもしれないけれど、布団の敷き方・たたみ方、食事や洗顔の作法、房内の座る場所、就寝時の頭の位置まで細かく決められている。看守は一日中監視していて、違反すると懲罰を科せられる。外部交通とはそうした獄中処遇の一つであり、塀の中と外（外部）との文通・差し入れ・面会をいう。

被告人は塀の外の友人や知人と面会したり、文通できる。もっとも、塀の中からの手紙の発信は、土・日・祝日・年末年始など公務員の休日を除いた平日に、一通ないし二通。便箋の枚数から内容までチェックされ、監獄当局に対する不平不満、批判的な記述は抹消されたり、発信されなかったりする（制限事項は拘置所によって異なる）。憲法第二十一条第二項は、

「検閲は、これをしてはならない。通信の秘密はこれを侵してはならない」

と、定めている。

監獄では、憲法の権利規定は通用しない。

面会は平日に一人一日一回と定められている。午前中、被告人の友人BはCに面会したとしよう。すると、午後からやって来た者は、たとえ家族でも面会させてもらえない。

一坪あるかないかの面会室。鉄格子と分厚いアクリルボードで仕切られた窓。面会時間は、せいぜい十分から十五分。物品の受け渡しはむろん、夫婦でも指一本ふれあうことはできない。傍らで看守が監視し、会話はすべて記録される。処遇上の不満などを口にすれば注意され、従わなければ、面会は打ち切られる。

BはCの他に、DやEとも文通していた。Cに続けて彼らと面会しようとしても、許可されない。「一人一日一回」の規定は、面会人にも適用される。

もう一つ、差し入れの字義的な意味はおわかりだろう。監獄内に収容されている人たち（被疑者・被告人・受刑者。彼らを総称して「在監者」という）に、合法的に物品やお金を渡すことである。現在、直接差し入れられる物品は、書籍などごく限られている。拘置所の内部や周辺に「差し入れ屋」があって、菓子、果物、缶詰、弁当などの食べ物、雑誌、本、文房具から衣類まで売っている。それを買って差し入れる。拘置所によっては、現金の差し入れのみ認めている。獄内で買わせるのである。ど

ちらにせよ、値段は市価よりやや高い。被疑者・被告人は法律上、無罪の推定を受けている。にもかかわらず、外部交通はこのようにきびしく制限されている。

死刑判決が確定すると、外部交通は原則禁止。面会に訪ねきた友人・知人は門前払い、手紙は廃棄処分。郵送による差し入れは、「次回から廃棄する」と付箋を付けて、差出人に送り返す。判決確定後も文通、面会、差し入れができるのは、家族だけなのである。しかし、多くの死刑囚は逮捕された時点で、家族との〈つながり〉を絶たれてしまう。

マスコミの犯罪報道はすさまじい。事件が発覚した時点で、マスコミは連日、大々的に報道する。家族は隣近所から白い目を向けられる。夫が逮捕されると、「将来、子どもの就職や結婚にも差し障る」と親戚や友人から諭され、妻は多くのばあい、離婚を余儀なくされる。警察に逮捕されたといって、犯人と決まったわけではない。何度もくり返すけれども、被疑者・被告人は法律上無罪の推定を受けている。しかし、無罪の推定はまったく役に立たない。家庭は崩壊状態に陥る。

このような状態のなかで、死刑囚と唯一接することのできる外部の人間は、「教誨師《きょうかいし》」と呼ばれる宗教者だけなのである。

第二章　宗教教誨とは

宗教が生んだ「人間金庫」

死刑囚監房は「人間金庫」の異名を持つ。出入口は屋内の廊下側にただ一カ所。鉄扉を開けると、小さな踏み込み（靴脱ぎ場）があって、タタミが二枚敷いてある。窓側は板敷き。ここに便器と流し台がある。房の広さは、入口の踏み込みから板敷きまで含めて約三畳である。「三畳一間」ではなく、「二畳一間の独居房」といわなければならない。

房の両サイドは白い壁。ちょっと叩いたぐらいでは、隣の房に聞こえないらしい。よほど厚いのだろう。天井は高く、ほぼ中央に二十ワットほどの蛍光灯がついている。房内にスイッチはなく、点灯・消灯は〝外〟でする。通常午後九時の消灯時間に消えると同時に、サブ・ライト（豆電球）が灯る。本を読むには暗いものの、寝るには明るすぎる電灯がひと晩中光っている。消灯時間の五分ほど前に予鈴が鳴る。なにをおいても布団に入らなければならない。裁判所へ提出する書面を書くなどの緊急時は、あらかじめ許可を得れば、起きていられる。

頭から布団をかぶって寝るのは禁じられている。監獄は何もかも規則ずくめ。廊下側に「覗き窓」があって、看守は深夜も監視している。死刑囚監房にはテレビ・カメラが設置されていて、二十四時間見張っている。プライバシーはまったくない。

房の窓に鉄格子。鉄格子の窓は「獄窓」と呼ばれ、監獄を象徴している。一九八〇年代の中頃から、死刑囚監房の窓は分厚い不透明のアクリルボードで閉ざされた。死刑囚は、戸外の風景を眺める楽しみさえ奪われた。

窓側の板敷き部分に便器と流し台、食器類や洗面具などを入れる小さな戸棚がある。流し台は、洗面台兼台所兼洗濯場である。下着類ぐらいは洗える。洗濯ものは流し台の上にヒモを張って干す。流し台に板をかぶせると机。便器にフタをして椅子。ここで食事や読み書きをする。房内に押入れやタンスの類はない。布団は片隅に積んでおく。布団のたたみ方、積み方も規則で定められている。衣類は壁のフックに掛けるか、カゴに入れる。三畳一間の空間に、最低限度の〝設備〟が整っている。「人間金庫」とは言いえて妙である。

このような独居拘禁スタイル(厳正独居方式)は、十八世紀末、独立して間もないアメリカ・ペンシルベニア州知事、ベンジャミン・フランクリンが考案した。そのため、「ペンシルベニア制」と呼ばれている。

敬虔なクェーカー教徒だったフランクリンは、在監者を房から出すとき、頭からすっぽり頭巾をかぶせて、他の在監者と会わせないほど隔離拘禁を徹底した。アメリカのように新しい国でも、宗教を無視して、監獄や刑罰の歴史は語れない。

戦前、監獄の改善をめざして司法省（現・法務省）へ入った法学博士の正木晃は、戦後、その著『獄窓の中の人権』（朝日新聞社）でこう記している。

「（囚人は）絶対禁欲主義に従っておれば社会的な良民に復帰することができるという考え方は、囚人に関するかぎり宗教的な派閥を超えてまことに便利なものであった。犯則を防止、逃走を防止、喧嘩を防止することは厳正独居が一番効果的であった。従って初めは宗教的な感化思想に基づいたものではあるが、いつとはなしに監獄管理の重要な方式とされた」

二十世紀に入ると、ペンシルベニア制に批判があいついだ。アメリカはもとよりヨーロッパ各国は、「オーバン制」と呼ばれる夜間独居・昼間雑居方式（夜は独居房で独り過ごし、昼間は他の在監者と共に過ごす）へと移行していく。日本は欧米諸国と逆に、一九六〇年代以降、獄中処遇はきびしくなる。

死刑囚処遇を理解していただくため、もう一度、第一章で例に挙げたAのその後を見ることにしよう。

彼は強盗殺人の容疑で逮捕されたのだった。取り調べが終わって起訴されると、拘置所へ送られる。入所当日、彼は「分類房」と呼ばれる独居房へ入れられる。居房は大きく、独居房と雑居房の二つにわけられる。強盗・放火・殺人などの重大事件、いわゆる公安事件の被告人は独居房。他の被告人は雑居房である。雑居房の広さはおおよそ十畳。ここで七～八人がいっしょに暮らす。プライバシーはない代わり、寂しさからは解放される。

分類房へ収容されている間にAの房は決められる。まさに、〝分類〟されるわけである。

独居房の〝住人〟は、未決・既決を問わず（死刑判決の場合、死刑判決が確定していようといまいと）と、房から出られるのはふつう、つぎのいずれかである。

①入浴
②運動
③親族との面会
④教誨《きょうかい》（適宜。実質的に週一回程度）
⑤友人・知人との面会
⑥弁護人との面会
⑦裁判所へ出廷

①の入浴は、五日（夏期）〜七日（冬期）に一度である。一回二十分程度。浴場までの往復時間を含めて三十分見当である。独居房の住人は、一人で入る。午前九時から午後五時の間に、順番に入浴させられるので、「ひと風呂浴びてのんびり」とはいかない。②の運動も同じ。正木晃の指摘ではないが、できるだけ他の人と接しないように、〝配慮〟されている。

運動は入浴日と雨天の日を除いた平日に限られ、房から「運動場」までの往復時間を含めて、一回三十分である。「運動場」は幅二メートル、長さ五メートルほどで、鉄骨に金網を張った、いわばケージ。軽いランニングや縄跳びぐらいしかできない。土曜と日曜・祝日、年末年始の休日が年間ざっと百二十日。入浴は六日に一度として、年間約六十日。これに、雨天の日も除かれるのだから一週間に二〜三日程度である。確実に運動不足に陥る。

④の教誨は、この章のテーマである。のちに詳述する。⑤の友人・知人、⑥の弁護人との面会は、

判決確定と同時に全面的に禁止される。ただし、再審を請求するなど特別の理由があれば、弁護士との面会は例外的に認められる。⑦の裁判所への出廷は二審まで。審理が最高裁まですすむと、出廷することはない。

教誨とは

獄中処遇をみてくるとお気づきのように、裁判がすすむにしたがって、他人と接する機会は失われていく。判決が確定すると、友人・知人との外部交通は全面禁止。前にも述べたように、多くのばあい、逮捕された時点で、家族は離れていく。拘置所へ収容されてから知り合ったり、支援してくれた人びととの〈つながり〉を、断ち切られるのである。

地獄の沙汰も金次第。監獄だって同じである。金がなければ、ボールペン一本、葉書一枚、手に入らない。獄内で万一不当な扱いを受けても、弁護士に連絡しようもない。監獄では、日に三度の食事は支給される。これを「官弁」という。「官弁」の量は少ない。お金があれば、「自弁」の弁当や菓子を購入できる。金のない者は、空腹を抱えていなければならない。

新聞や雑誌、本も読みたいだろう。「人間金庫」で一日中何もせずにいるのは、まるで拷問である。下着の着替え、寒さにそなえての衣類など、監獄は世間の想像以上に金がかかる。そこで、監獄当局は「請願作業」を用意している。

請願作業とは、文字どおりお願いしてやらせていただく作業である。割り箸の袋詰め、紙箱折り、買物袋の糊づけなど、房内でできる簡単な作業に限られる。平日の朝八時から夕方四時まで毎日働いて、賃金（正式名称は「作業賞与金」）はすなおに信じられないかもしれないが、月四千円に満たない。わずかな収入を得るために、多くの死刑囚が請願作業に就いている。ちなみに、一日中働いている受刑者ですら、一カ月の作業賞与金は平均四千四百四十円しか得ていない（『犯罪白書』二〇〇一年）。

陽もあたらない独居房。息詰まるほどの孤独。処刑の恐怖と不安。請願作業に明け暮れる日々。人は人と人との間にあって人になる。人と人との〈つながり〉を絶たれた死刑囚は、人として生きるのを禁じられたかのようである。このような日々のなかで、接することのできるのは、ただ一人、教誨師だけなのである。

教誨師の大半は僧がつとめている。仏教教誨が多いからである。キリスト教の神父や牧師、わずかだが、神主もいる。

教誨室には、和室と洋室がある。もっとも一般的な仏教教誨は、和室でなされる。畳敷き、窓の格子は障子で隠され、監獄臭さのまったくない部屋で、僧侶とたった二人きりで向かい合う。看守は同行しても〝座〟に加わらず、片隅で待っている。茶菓子が振る舞われ、落ちついた雰囲気のなかで、話し合える。死刑囚は唯一、教誨のときだけ、格子越しでなく他人と会える。生身の人間に接して、教誨師の語るひと言ひと言は、心にしみ入るに違いない。

「教誨」とは何だろう。この言葉は、監獄以外の場所ではめったに使われない。きわめて特殊な用語だが、死刑と宗教とのつながりを理解するうえで欠くことのできないキーワードである。とりあえず、辞書を繰ってみよう。『広辞苑』（第二版）に、

「①教えさとすこと。

②凶徒の徳性の欠陥を補正し、正義にみちびくこと」

と載っている。同第五版は、②を「刑務所で受刑者に対して行う徳性の育成を目的とする教育活動。宗教教誨に限らない」と改めている。

「徳性の欠陥の補正」か、それとも、「徳性の育成」なのか。どちらも抽象的でわかりにくい。「徳性」などというものは、価値観によって異なる。ある人は「徳性」と思っても、別の人は「邪悪」と受けとめるかもしれない。そのくらいあいまいな概念である。

その教誨は大きく「一般教誨」と「宗教教誨」にわけられる。「一般教誨」は、辞書の①にあたる。刑務所に収容されている受刑者は、一定の〝成績〟を上げると運動会に参加したり、作詩・作文などのグループに加わったり、さまざまな資格を取れるように、勉強の機会を与えられる。これらも教誨に含まれるものの、ふつう、宗教教誨をさす。このレポートでも、単に教誨と記す。

教誨はまた、「集団教誨」と「個人教誨」にわけられる。「集団教誨」は複数の人間に対する教誨。一九六〇年代初頭まで、死刑囚でも希望者は施設内の集会場へ集まって、教誨師の講話を聴いたり、お盆やクリスマスなどの宗教行事に参加できた。

この時代（一九六〇年代初頭）まで、死刑囚でも日常的に他人と接することができた。友人、知人との面会も許可されたし、運動時間に死刑囚全員が庭へ出て、野球やドッジボールに興じた。雨の日は一室に集まって囲碁や将棋、ピンポンなどをして過ごした。映画や演劇などの催しはしばしば開かれたし、俳句会や短歌会にも参加できた。死刑囚監房は決して「人間金庫」ではなかった。

集団教誨は、一九六〇年代中頃から少しずつ姿を消し、いまや全面的に禁止された。法務省・監獄当局は、死刑囚をできるだけ第三者と接触させまいとしている。ヨーロッパやアメリカでは監獄の開放化へ向かっているのに、日本は逆なのである。

教誨の歴史

教誨の歴史は古く、奈良・平安時代までさかのぼるといわれている。ある僧が囚人たちに説教したのがはじまりらしい。江戸末期、人足寄場（こんにちの刑務所）で試みられたとの記録が残っている。明治に入って、本格的に導入された。

ご存じのように、近代法体系は明治初期に整えられた。一八七一年、刑法のタマゴともいうべき新律綱領ができた。並行して、監獄の制度化がすすめられた。そうしたさなかの一八七二年三月、明治新政府は教部省を新設。各地の僧侶や神官を「教導職」に任命して、大々的に「国民教化運動」を展開した。さながら、国家規模での教誨だった。

この年十一月、「監獄則」が制定された。監獄の規則……獄中処遇などを定めた法律である。この法律を〝母胎〟にして、のちにみる監獄法がつくられた。監獄則の冒頭に、

「獄トハ何ソ《ぞ》、罪人ヲ禁鎖《きんさ》シテ之ヲ懲戒《ちょうかい》セシメル所ナリ。獄ハ人ヲ愛スル所以《ゆえん》ニシテ、人ヲ残虐スルモノニ非ス《ず》」

と、記されている（ルビと句読点は引用者。以下同じ）。

現代文に翻訳すると、監獄は罪人を拘禁する場所だが、愛をもって罪人にあたらなければならない、罪人を残虐に扱ってはならない、との意味である。日本の監獄について語ろうとするとき、忘れてはならない名言である。この監獄則と「国民教化運動」が結びついて教誨制度は急速に普及した。一八八一年、正式に採用された。さらに二十年を経た一九〇三年、『教誨師・職務規定』ができた。その一節……。

「教誨師ハ典獄《てんごく》ノ指揮ヲ承《う》ケ、在監人ニ対シ専《もっぱ》ラ其《そ》ノ徳性涵養《かんよう》ノ任ニ従事ス」

「教誨師ハ囚人ノ罪質・犯数・性情・教育・職業其ノ他身上ニ関スル諸般ノ情況ヲ審査シ、常ニ適切ナ個人教誨ヲ行フ可《べ》シ」

「典獄」は監獄の長（刑務所所長や拘置所所長など）をさす。教誨師は典獄の指揮のもとで、徳性涵養の任にあたるべきだというのである。涵養とは「自然に水がしみこむように徐々に養い育てること」（『広辞苑』）である。

一九〇八年（明治四十一年）、監獄則は全面的に改定され、監獄法がつくられた。この法律によって、死刑囚（受刑者）は教誨を強制されることになった。条文にあたっておこう。

「受刑者ニハ教誨ヲ施《ほどこ》ス可《べ》シ。其他ノ在監者（が）教誨ヲ請フトキハ之《これ》ヲ許《ゆる》スコトヲ得《う》」

戦前の法律は、ルビはおろか濁点、句読点はいっさいない。こんな古めかしい法律を引っ張りだしたくないのだが、監獄法はいまなお生きている。二十一世紀に入ったいまも、獄中処遇は明治の法律によって決められている。無視するわけにいかない。

さて、現代文に翻訳すると、「（監獄の長は）受刑者に教誨を施さなければならない。その他の在監者が教誨を受けたいと申し出たとき、許してもよい」といった意味。「その他の在監者」とは、被疑者・被告人である。彼らに教誨を受けさせるかどうか、拘置所所長（監獄の長）は自由に決められる。

監獄法は獄中処遇の大枠を定めるにとどめ、具体的な措置は監獄の長に任せている。明治の法律はいずれも同じで、上に立つ者にきわめて幅広い裁量権を与えている。明治政府にとって法律とは、国家権力を誇示し、臣民を管理するための道具でしかなかった。このような法律がいまなお使われている日本は、ほんとうに民主国家なのか。獄中処遇について考えるとき、つねにいだく疑問である。

死刑囚処遇は拘置所所長の方針によって異なる。所長が交代すると、がらっと変わったりする。法的にそれが可能なのである。いずれにせよ、一・二審で死刑判決を受けても、被告人は教誨を強制されない。反面、本人が望んでも、拘置所所長の許可なしに教誨を受けられない。判決確定後は本人の意思にかかわらず、監獄の長は教誨を施さなければならない、と監獄法は規定している。

仏教系の教誨は、監獄則のできる以前、東本願寺（真宗大谷派の総本山）の僧、対岳がはじめたらしい。対岳に引き続いて、東西本願寺によってなされたという（『世界大百科事典』平凡社）。『仏教大事典』（小学館）には、「真宗大谷派や本願寺派が、八二一～九九年に監獄教誨や教誨師の育成に力をそそいだ」とある。

このように古くから教誨にかかわっていた真宗大谷派の教誨師はいまだに多く、教誨師会をつくっている。わたしはたまたま、同会が教誨師をめざす僧のために著した『教誨指針』（一九八七年）を手に入れた。当の教誨師たちは、教誨をどのようにとらえているのだろうか。『教誨指針』によれば、教誨とは「人を導くことであり、さらに、これを具体的にいえば、収容者をさとし導き、善にたちかえらせること」である。「善にたちかえる」とは、いったいいかなる意味か。また、どのような状態になったら、善にたちかえったことになるのか。『教誨指針』をたんねんに繰っても、答えはみつからなかった。辞書のいう「徳性」と同じで、人によって、あるいは、立場によって、解釈は異なるのではないか。

「徳性」をどのように解釈しようと、一般受刑者(『教誨指針』のいう「収容者」)には、それなりの意味がある。彼らはいずれ、実社会へ戻ることができる。無期懲役囚にも社会復帰の望みはある。処刑を待つだけの死刑囚は、善にたちかえったところでどうなろう。善にたちかえる意味があるのだろうか?――この疑問をおしすすめてゆくと、死刑囚にとって教誨とは何かという、根源的な問いにゆきあたる。明治政府はなぜ教誨制度の導入を急いだのか、考えていただきたい。答えは自ずと出てくる。

江戸から明治になって、刑罰制度はすっかり変わった。まさに「御一新」だった。とくに大きく変わったのが、死刑の執行方法である。

江戸時代の主な死刑は、斬首《ざんしゅ》と磔刑《たつけい》だった。斬首は、首を刀で斬り落とす刑。磔刑は罪人を柱に縛りつけて、槍で突き殺すか、焼き殺すかのどちらかだった。残虐極まりないが、刑の執行は、「エタ非人」と呼ばれる被差別部落民に託した。「お上」は下っぱ役人でさえ自身の手を汚さなかった。宣伝めいて恐縮だが、江戸時代の死刑制度について詳しくは、拙著『江戸町奉行』(三一新書)を参照していただきたい。

明治に入って、いわゆる解放令によってエタ非人の身分は廃止された。役人が死刑を執行しなければならなくなって、死刑は絞首に限定された。一八七三年、のちの内閣及び総理大臣にあたる太政官は布告（太政官布告第六十五号）を発して、「絞罪器」による処刑に限定した。

絞罪器とは、地上（屋上）絞架式の絞首台である。高さ三メートルほどの台の上に、梁が張ってあって、縄がたれ下がっている。この縄を「絞縄」という。この絞縄に死刑囚の首をかけ、刑務官の操作で踏み板がはずれると同時に死刑囚は落下する。身体の重みで首が絞まる。

絞縄は二本下がっていたので、一度に二人を処刑できた。「（絞罪器の）施用は極めて簡便、殊に罪人の断命速疾にして苦痛少く、実験上その効は少なくない」と、太政官布告は説いている。絞罪器の設計段階で、多くの死刑囚が「実験に使われた」との記録が残っている。死刑執行人（刑務官）は死刑囚を伴って、階段を上らなければならなかった。

「おれはまだ死にたくない！」

「助けてくれ！」

と、泣き叫び、暴れる死刑囚もいたろう。彼らをなだめすかし、ときには抱きかかえるようにして階段を上らなければならない。いかに仕事といえ、刑務官はどんなにか辛かったに違いない。死刑囚自身が刑死を受け入れ、自発的に階段を上るようになれば、刑務官の労苦は幾分かでもやわらぐ。そのために、明治政府はいち早く教誨制度を導入したのではないか。そう考えると、何もかも〝つじつま〟があう。

真宗大谷派と教誨

真宗大谷派の『教誨指針』は、「総編」と「実践編」の二編から成り立っている。実践編第一章「行刑における宗教教誨」では、各受刑者――死刑確定者（本書では、死刑囚ないし、死刑確定囚と記述）、短期受刑者、長期受刑者、女子受刑者など――ごとに教誨のあり方を説いている。章タイトルの「行刑」は、「刑務行政」をひっくり返して縮めたもの。教誨と同じく、世間ではほとんど使われない監獄用語の一つ。

このうち、「死刑確定者」の項の一部を引用しよう。一般に市販されていないので原文のままお読みいただきたいのだが、スペースという物理的な制約がある。

一部引用になるけれども、お許しいただきたい。便宜的に各段落ごとにナンバーをつけ、後に簡単な注記を加えた。

死刑の判決が確定すると、刑事訴訟法は六カ月以内に大臣の命令により、執行することとされているが、一方この期間内に再審の請求や恩赦の出願が行われると、その結論が出るまでの間は、執行ができない旨の規定もあり、従って確定後何十年間も経ていまなお拘置されている者もある(1)。

最後の判決を受けたその日は「とうとう来るべきものが来た、もはやこれまで」と、自暴自棄になり「早く殺してくれ」と無茶苦茶に暴れる者、わめき散らす者、ぐったりと放心状態の者、なかには「これでようやく死ぬことができる」と泰然自若を装う者、あるいは家族などの面会で共に泣き合う者、等々さまざまである(2)。

これから、人によって異なるが一カ月から二カ月くらいは心情が極めて不安定となり、感情の起伏が激しく、平常接している係職員でもその心情の把握が著しく困難となる。こうした時にまた多くの事故が発生するので、すべての面で万全を期さねばならない。そして、この頃教育指導係はいつ死刑執行となってもよいように、執行時の連絡先を尋ね、あわせて遺体の措置や遺言の有無等を打ち合わせておく(3)。

彼等の心底はまことに哀れで死の山路に遭ってなすすべも知らぬ、無力の自分に懊悩の日々を送り、なかには夜ごと夜ごと絞首台にのぼる夢をみたという者もある。いよいよ本格的な教誨師の活動が始まるのである(4)。

教誨師の指導による勤行と法話、独居房での個人教誨、それにいのちがけの教誨等々、なみなみならぬおしえによって、感情の起伏や倦怠など幾多の波乱や曲折はあるものの、かたくなな心も暖かい春光を受けた雪のように消えて下萌えが始まり、毎日を法悦のうちに過ごすようになる(5)。

ある確定者は教誨師の法話に耳を傾け念仏を喜ぶようになり、迷惑をかけた社会にお詫びしたいと盲人用の点訳奉仕を申し出て、苦労の末、童話二、三冊を訳した後、丹羽文雄の大著『親鸞とその妻』に取り組み、難しい経典や聖教の原句を教誨師や筆者に尋ねては、一年余を経てようやく仕上げた。その時彼の右手の指三本に大きな指ダコができていた。彼は「お浄土に行って阿弥陀様の前で被害者に会うことができたら、この三つの指ダコでお詫びします」と法悦の中の奉仕を語っていた(6)。

また、悪人正機については、「これはあまりよく出来過ぎている。我々に対する教誨は都合のよいように行われているのではないか」と疑問を持つが、次第に聖教等を熟読吟味し、さらに聞法して真の意味がわかり「ありがたいことだ」と思うようになる(7)。

(1)は刑事訴訟法の規定である。すでにみたように、死刑判決が確定しても、再審請求や、恩赦を出願できる。これらは法の認める死刑囚の権利である。「その結論が出るまでの間は、執行ができない旨の規定もあり……」などと記されると、再審請求や恩赦出願は、単なる手続きでしかないようである。なお、刑事訴訟法には、『教誨指針』のいう「執行できない旨の規定」はない。死刑は判決確定後六カ月以内に執行しなければならないのだが、再審請求や恩赦の出願中は、この六カ月に含まない、としているだけである。

(2)の「最後の判決」は、通常、最高裁判決。被告人は最高裁の判決公判に出席できない。判決内容は、弁護人や支援者からの連絡、あるいは、最高裁からの通知で初めて知る。上告を棄却されて、半狂乱に陥った死刑囚の様子を、『教誨指針』はよく伝えている。

(3)は「心情の安定」と要約できる。それも、日本の死刑制度……とくに死刑と宗教の〝関係〟を理解するうえで欠かせない、重要なキーワードである。今後、さまざまな場面でみることになる。監獄当局にとって、教誨は死刑囚の「心情の安定」をはかる重要な〝手段〟なのである。『教誨指針』は死刑判決が確定すると、「いよいよ本格的な教誨師の活動が始まる」(4)と続けていた。刑が確定する前と後では、教誨を受ける側はもちろん、施す側の精神状態も異なるのだろう。

(5)の「法話」は個人でなく集団を前にして、僧が説教している場面を想像させる。「独居房での個人教誨」と対比して語られているだけに、集団教誨をイメージさせる。死刑囚に対する集団教誨は、一九六〇年代半ばを過ぎると、なされなくなった。「教誨師の指導による勤行と法話」は、『教誨指針』が発行される二十年ほど前の、教誨の情景ではないか。

「独居房での個人教誨」は、教誨師が独居房へ出向いて教誨すること。監獄法施行規則は、教誨師の房への出入りを認めている。監獄職員を除いて、房内へ足を踏み入れられるのは、唯一、教誨師だけである。いまや、独居房での個人教誨も聞かなくなった。

(6)は示唆に富んでいる。ある死刑囚は、教誨によって自らの犯した罪を悔い、「迷惑をかけた社会にお詫びしたい」と、盲人用の点訳作業をはじめた。多くの死刑囚が点訳作業に励むようになったのも、一九五〇年代から六〇年代のころである。彼は一年余り費やして、丹羽文雄著『親鸞とその妻』などの大著を点訳した。右手の指三本に、大きな指ダコができた。その死刑囚は、

「お浄土に行って阿弥陀様の前で被害者に会うことができたら、この三つの指ダコでお詫びします」

と、語っていたという。

「お浄土に行って」は、「死刑を執行されたら」と読み替えなければならない。ここに登場する死刑囚はあきらかに、刑死を受け入れている。それが教誨の〝成果〟としたら、教誨師は死刑囚を死刑台へ「導く」役割をはたしているといわなければならない。

(7)の「悪人正機」は、「あんにんしょうき」と読む。浄土真宗の開祖、親鸞《しんらん》（一一七三年～一二六二

年)の語録を綴ったと伝えられる『歎異抄《たんにしょう》』の一節、「善人なほもって往生を遂《と》ぐ。況《いわ》んや、悪人をや」による。阿弥陀仏は、善人(仏像を造ったり、写経をするなどの善行を積む人)を救済する。まして(況んや)、悪人(自らの罪悪や煩悩を自覚して、阿弥陀仏の力を借りようとする人)を、救済しないはずはないじゃないか、といった意味である(『歎異抄』安良岡康作訳注・旺文社による)。説教を聞いた死刑囚は、「話ができ過ぎている」と受けとめるはずである。

権力と宗教

『教誨指針』は、死刑囚に対する最後の教誨を、つぎのように綴っている。死刑執行の場面が見えてくる。

執行は各拘置所ともおおむね午前中に行われる。刑場に仏壇が荘厳され最後の教誨が本人の帰依する教誨師により行われる。それは所長の死刑執行の言渡しに続いて行われる(8)。

教誨は、まず『正信偈六首引《しょうしんげ》』『白骨のお文』のあと、平常の信仰の深浅などにより『歎異抄』などの聖教を引用して、この世における最後の教誨が精魂こめて行われる(9)。

殆どの者(死刑囚)が取り乱すこともなく、教誨師を始め関係者にお礼を述べつつ絞首台に立つ。絞首台上で「教誨師さんのお寺の方へ向かわせて下さい」と頼み、深々と合掌し晴々とした声で、「ありがとうございました。お先に失礼します。それではお願いします」と念仏の声もろ共執行さ

れる⑽。（以下、一部略）
遺体は執行後納棺してしかばね室に安置し、関係者が集まって教誨師の導師による葬儀が行われる⑾。（ルビは引用者）

⑼の『正信偈六首引』は親鸞の著した経の一部。『白骨のお文』は、室町時代に真宗を広めた僧、蓮如《れんにょ》の説教。人間はいずれ死ぬ。だれもがいつか白骨になると、蓮如は説いた。⑽に描かれているのはまさに、自発的に死刑台の階段を上る死刑囚の姿である。わたしはさきに、「死刑囚自身が刑死を受け入れ、自発的に（絞罪器の）階段を上るようになれば、刑務官の労苦は幾分かでもやわらぐ。そのために、明治政府はいち早く教誨制度を導入したのではないか」と、問いかけた。答えをみるような思いがする。

念のためにお断りしておくけれども、真宗大谷派を非難するつもりはまったくない。前述したように、たまたま手に入れた『教誨指針』を掲げたにすぎない。他の宗教・宗派の教誨も似たようなものだろう。監獄当局の許可のもとになされている教誨に、大きな違いのあるわけがない。

それでは、教誨は不要か？……。この疑問に答えるには、既成の宗教がはたしてきた役割に目を向けなければならない。それは死刑囚教誨と無関係ではない。スペースも限られているので、短絡的になるのをおそれずにいえば、日本の宗教（いちいち断るまでもなく、宗教・宗派。もとより、カルト集団は除く）は、権力に迎合的か否かで大きく二つにわけられる。

権力は奈良の昔から、戦後憲法によって信教の自由が保障されるまで、意に添わない宗教（教団）を徹底的に〝排除〟しようとした。宗教弾圧事件は枚挙にいとまがない。参考のため、いくつかあげよう。鎌倉時代から室町時代にかけて、法然や親鸞、日蓮らは流刑にされた。戦国時代の末期、信長による延暦寺焼き討ち。秀吉の代に生じた「日蓮宗不受不施派事件」は、江戸末期まで尾を引いた。この事件で処刑されたり、流罪に処せられた僧や信者は数百名に達する。キリシタンも容赦なく取り締まった。

明治期に入ると、天皇が国家の中心に据えられた。「大日本帝国ハ万世一系ノ天皇之ヲ統治ス」（大日本帝国憲法第一条）である。二〇〇〇年代最初の内閣総理大臣、森喜朗は、「日本は天皇を中心とする神の国」と発言したが、明治以来一九四五年八月十五日まで、天皇はまさしく神だった。生きた神、すなわち、「現人神《あらひとがみ》」と呼ばれた。戦前、〝天皇教〟（皇室神道）に反する宗教は、徹底的に弾圧された。「天理教事件」（一八八二年）、「大本教事件」（第一次＝一九二一年、第二次＝一九三五年）、「ほんみち事件」（第一次＝一九二八年、第二次＝一九三八年）、「創価教育学会事件」（一九四三年）などの事件があいついだ。詳しくは拙著『昭和天皇下の事件簿』（現代書館）を参照していただきたい。

権力は意に添わない宗教を攻撃するいっぽう、迎合的な宗教を人民支配の〝道具〟に利用した。江戸時代の檀家制度はその典型だった。

江戸時代の一般庶民は原則としてすべて、「人別帳」に記載された。「人別帳」とは、こんにちの戸籍謄本と住民票を合体させたようなものである。「人別帳」に記載してもらうには、どこのだれかを証明しなければならない。これに「寺請証文」が使われた。寺請証文とは、檀家寺の発行した「檀徒の証明書」である。どこかの寺の檀徒にならないかぎり、寺請証文は手に入らない。しかも、「人別帳」に記載されない者は「無宿人」とみなされた。無宿人はこんにちのホームレスでなく、無戸籍者である。無戸籍はそれじたい犯罪であり、捕まるときびしく罰せられた。宗教心の有無にかかわらず、庶民は檀徒になるほかなかった。

信仰心に裏打ちされてない宗教は形骸化、儀式化する。こんにちなお「葬式仏教」と呼ばれているのは、このような歴史を引きずっているからである。このような宗教のありようは、教誨の場に深い影を落としている。免田栄の体験は、死刑と宗教の〝関係〟を考えさせる。

一九四八年十二月、熊本県人吉市で一家四人が殺傷された。犯人はもとより、犯行の目的すらわからない。警察の捜査はすすまなかった。「隣の免田町に、おかしな男がいる」……こんな噂を聞きつけた捜査当局は、別件の窃盗容疑をでっち上げて、免田栄を逮捕した。拷問捜査によって、免田は自白のワナへ追い込まれていく。犯行を裏付ける主たる証拠は、拷問捜査でつくりだされた自白のみ。それでも、地裁から最高裁まで有罪(死刑)判決を下した。

一九八三年七月、再審請求が認められて、免田は無罪になった。日本で初めて、死刑台から生還したのである。逮捕以来この間、三十四年経っていた。無実の人が無罪になるまで三十四年かかった。出獄した免田は、自らの体験を『免田栄獄中記』(社会思想社)に綴った。その中で、教誨についてこう記している。

「自分は冤罪だからと再審請求しようとする収容者に対して、

『(冤罪をきせられたのは)前世の因縁です。たとえ無実の罪であっても、祖先の悪業の因縁で、無実の罪で苦しむことになっている。その因縁を甘んじて受け入れることが、仏の意図に添うことになる』

と、再審の請求を思いとどまらせるような説教をする僧侶がいる。こんな世の因果をふりかざして、再審請求をさまたげる僧侶が少なくない」

教誨師は「前世の因縁」などという、いっけん宗教的な理屈をつけて、「お上」(裁判所)の決めたこと(判決)に従わせようとしているのである。免田のように無実でなくとも、腹立たしい思いをしている死刑囚は少なくあるまい。第一章冒頭でレポートしたように、長期にわたる取り調べで自白のワナへおとしいれられ、そのため不当に死刑判決を受けた者は少なくない。

国家と宗教

「受刑者ニハ教誨ヲ施ス可シ」……監獄法の規定にもとづいて、監獄当局は従来、死刑囚に教誨(宗教教育)を強制した。ところが、憲法(第二十条)は基本的人権の一つとして、信教の自由を保障すると同時に、監獄など国家機関による宗教活動を全面的に禁止した。

「一、信教の自由は、何人に対してもこれを保障する。いかなる宗教団体も、国から特権を受け、又は政治上の権力を行使してはならない。

二、何人も、宗教上の行為、祝典、儀式又は行事に参加することを強制されない。

三、国及びその機関は、宗教教育その他いかなる宗教的活動もしてはならない」

監獄法は、明治の法律(一九〇八年=明治四十一年施行)である。まがりなりにも民主制の整った、戦後うまれの憲法と相容れるはずがない。法律知識などなくとも、条文を読み比べればわかることなのに、「この法律（監獄法）はおかしい」と言い出したのは、在日朝鮮人の死刑囚、孫斗八《そんどうぱる》だった。通称名は「そん・とうはち」だった。

一九五〇年代半ば、彼は大阪拘置所に収容されているとき、後述するように獄中訴訟の一環として、「監獄法第二十九条は憲法に違反する。監獄当局による教誨の強制をやめさせてほしい」と、大阪地裁へ訴えた。この間の経過を、孫の経歴とあわせて簡単に記そう。

一九三〇年代前半、彼は叔父に連れられて、日本海を渡った。当時、八歳だった。父は斗八少年がうまれてまもなく死に、母は幼い息子を置いて再婚した。彼は叔父に引き取られた。不幸な生い立ちだった。

「日韓併合条約」（一九一〇年）によって、完全に日本の支配下に置かれた朝鮮から、多くが海を渡った。「日本へ行けば、もっと稼げる」となかばだまされてやって来た人たちも少なくない。いまとなれば確かめようもないのだが、彼らもあまり変わらないだろう。

孫は小学生のとき早くも頭角をあらわした。成績はつねにトップクラス。中学を卒業すると同時に、実社会へ出た。世間はこころよく迎えてくれなかった。「在日」に対する風あたりはいまなお強く、きびしい。収入はむろん、住居も定まらない生活が続いた。なかば必然的にアウトローへの道を歩きはじめた。一九五一年一月、強盗殺人事件を企てた。

神戸市生田区の衣料店に押し入って老夫婦を殺害。現金一万円の他、衣料三十数点などを強奪して、ほどなく逮捕された。孫は二十五歳になっていた。

同じ年の十二月、神戸地裁で死刑判決を受けた。孫はただちに控訴した。控訴にともなって、大阪拘置所へ身柄を移された。大阪高裁判決、控訴棄却。最高裁へ上告した。死刑判決はくつがえらなかった。一九五五年十二月、死刑判決は確定した。

孫を一躍有名にしたのは、「死刑執行取消請求訴訟」である。平たくいえば、「オレには死刑の執行を受ける義務はないから、死刑判決を取り消せ」と訴えたのだ。かつて、こんな訴えを起こした者はいなかった。裁判を起こすには、訴訟費用がいる。貧しい孫はいわゆる訴訟扶助を受けていた。つまり、国の費用で国を相手に、法廷で争ったのである。

裁判を続けるなかで、孫は現場検証のため大阪、広島、仙台の各拘置所内の死刑執行場を、国の費用で見て歩いた。自らが処刑される現場へ出向いて、処刑具から死刑執行の手順まで調べた死刑囚は、孫が最初で最後だろう。前代未聞の裁判によって、孫は「死刑執行停止命令」を、二度とりつけた。

前後して、孫は獄中処遇にかかわるあらゆる問題を訴訟のレベルに乗せた。在監者（死刑囚に限らず、被疑者・被告人・受刑者など監獄に拘禁されている者）は、朝起きてから夜寝るまで、規則、規則でがんじがらめにされている。孫はそのすべてに異議を申し立てたのだ。幾つか例を挙げよう。

①石鹼、タオル、チリ紙などの日用品は無料で配付せよ。
②寝るときは、頭の位置を自由にさせろ。
③在監者を十二時間近くも寝かせておくのは不当だ。就寝時間を変更しろ。
④好きなラジオ番組を聴かせろ。
⑤死刑執行場の前で運動させるな。

など、最終的に百二十項目を超えた。

①の石鹼、タオル、チリ紙などいずれも必需品である。これらも無償でなく、在監者は自費で購入しなければならない。「地獄の沙汰も金次第」。チリ紙一枚、ただでは手に入らない。

②と③は獄中規則に対する異議申し立てである。監獄は何もかも規則ずくめ。寝るときの頭の位置や睡眠時間まで細かく決められている。消灯は当時、冬期は午後七時だった。四時過ぎに夕食をすませてまもなく布団に入り、翌朝六時の起床時間まで、じっとよこたわっていなければならない。長時間布団に伏しているのは、一種の拷問である。

④は房内放送の規定。各居房にスピーカーがあって、当局は随時ラジオ放送などを流している。多くは当たり障りのない歌番組や野球中継である。聴きたくない者には耳障りだが、聴きたくとも、消灯時間にスイッチを切られる。現在、消灯時間は午後九時まで延長されたが、野球中継はたいてい途中で打ち切られる、と在監者は嘆いている。孫の訴えによって、房内にスイッチが付けられたといわれている。聴きたい番組は聴けないものの、聴きたくない番組は聴かないですむ。

⑤は、死刑囚はふだん、どんな運動をしていたかわからないと、首を傾げるばかりだろう。六〇年代前半まで、平日は雨や雪が降らないかぎり、死刑囚は全員庭へ出て、一時間ほど過ごした。ドッジボールや野球をしたり、木陰で他囚と話し合うこともできた。こんにち、運動は一人でさせられる。死刑囚が庭に集う光景はみられなくなった。孫が在監していたころ、大阪拘置所は現在の裁判所(北区西天満)の隣に建っていた。拘置所と裁判所は地下でつながっていた。七〇年代に入って、拘置所は現在の都島区へ移転した。

大阪拘置所の刑場は、孫たちが運動していた庭の隅に建っていた。一階平屋建て、瓦葺きの建物である。同囚が処刑された刑場の前で運動させないでほしいという、素朴だが深刻な訴えだった。「教誨違憲訴訟」はこうした訴えの一つだった。平たく言えば、「監獄法第二十九条(前出の教誨規定)は憲法に違反する。監獄当局に教誨を強制させないでほしい」と提訴した。「教誨違憲訴訟」には日本の植民地として支配された朝鮮の歴史が、色濃い影を落としているようでならない。

十九世紀末、日本は武力で朝鮮半島を侵略した。一九一〇年、「日韓併合条約」によって完全に支配下に入れる。日中戦争に突入した一九三〇年代から四〇年代にかけて、朝鮮人の氏名を日本式に改める「創氏改名」を実施し、日本語の使用を義務づけた。さらに、首都のソウル(日本は「京城」と改名した)に神社を建てたり、各家庭に神棚をつくらせるなどして、神道(皇室神道)を強制した。従わない者はきびしく罰した。

世界の歴史が示しているように、宗教上の対立はしばしば戦争へと発展している。「宗教の宝庫」といわれる中東、東欧やアジアでは、いまだに宗教戦争は絶えない。「教誨違憲訴訟」は他国の〝神様〟を無理やり拝まされた屈辱的な民族体験と、どこかで重なっているようでならない。

怒りだけで裁判はできない。提訴するには、まず、裁判所へ訴状を提出しなければならない。弁護士を頼めばすべてやってくれる。費用はさることながら、この種の事案を引き受けてくれる弁護士がみつかるかどうか。孫は拘置所へ収容されてから、法律や司法手続きを独学で学んだ。当時、死刑囚でも面会や文通は大幅に認められていた。書籍はポルノや脱獄を煽《あお》るようなものを除いて、ほとんど無制限に房内へ持ち込めた。孫は数百冊の本を持っていた。居房はさながら法律事務所だった。

房内へ持ち込むことを、監獄用語で「舎下げ」という。現在、本の舎下げはわずか数冊に限られている。外部の情報がきびしく遮断されたことで、死刑囚監房は「人間金庫」と化したのである。

監獄との闘い

孫が提訴したとき、憲法施行(一九四七年)から十年近く経っていた。この間にも、監獄当局は死刑囚だけでなく、すべての受刑者に教誨を強制していた。にもかかわらず、異議を唱えた者はいなかった。「官」の人間はもちろん、法律学者でさえ見過ごしていた。孫が訴えるまで放置していたのである。

裁判は三年余り続いた。一九五八年八月、判決。前述したように、孫は教誨の強制だけでなく、獄中処遇のさまざまな問題に異議を唱えた。裁判所は孫の主張をほぼ全面的に認めた。裁判長・平峯隆の下した判決(平峯判決)は、いまに語り継がれる名判決である。一部読み返してみよう。

「現行憲法のもとでは(監獄当局は在監者に対する制限を)、必要最小限度にとどめなければならない。監獄は人権がもっとも収縮されているところであるから、人権保障の精神に立つ憲法は、もっとも峻厳に運用されなければならない」「監獄当局は死刑囚に精神的にも肉体的にも害を与えないように努めることはもとより、つねに誠と愛をもって接するよう心がけなければならない」

『平峯判決』はこうも説く。

「死刑制度はこれを存置する合理的理由に乏しく、死刑の廃止はもはや日時の問題だと思われる。

原告(孫)は少しばかり早く罪を犯したがゆえにその刑罰を背負わされたものということができよう」

国は判決を不服として控訴した。裁判さなかの一九六三年七月十七日、国は孫を処刑した。三十七歳だった。翌日の『朝日新聞』大阪版は、「日本のチェスマン遂に処刑、だまし打ちにするのかと叫びつつ」の見出しで、大きく報道した。

アメリカ・カリフォルニア州の死刑囚、カリル・チェスマンは独学で法律を学び、死刑の違法性を訴えて、処刑を八回延期された。ガス室の手前まで八回連行され、八回戻ってきたのである。チェスマンの獄中記『死刑囚二四五五号』は世界中で話題を集めた。日本でも翻訳されてベストセラーになった。

カリフォルニア州知事のもとに、何千通もの助命嘆願書が全世界から届けられた。彼らの声は聞き入れられなかった。一九六〇年五月、ついに処刑された。この「チェスマン事件」をきっかけに、世界各地で本格的な死刑廃止運動がはじまる。『朝日新聞』は、同じような経歴を持つ孫とチェスマンを重ね合わせたのだ。孫も独学で法律を学び、たった一人で法廷に臨んだ。そうして死刑の執行を二度、延期させた。孫の死刑判決は、一九五五年十二月に確定していた。この時代、再審請求や恩赦によらず、判決が確定して八年近く処刑を免れたのは、きわめて異例だった。孫は裁判という合法的な手段によって、監獄には憲法の保障する基本的人権が行き渡っていないのを、法廷で暴き出した。死刑囚に対する教誨の強制は、人権がないがしろにされている顕著な例だった。

孫斗八が処刑された年(一九六三年)、法務省は、『死刑確定者の接見及び信書の発受について』(以下、『六三年通達』)を、各監獄へ通達した。「接見」は面会の法律用語。「信書の発受」は塀の外(外部)にいる人たちと、手紙（信書）を発・受信すること。ついでにいえば、塀の外から中へ物品を郵送したり、届けることを「差し入れ」。反対に、塀の中から外へ送るのは「宅下げ」。これらすべてを合わせて「外部交通」、あるいは、単に「交通」という。

『六三年通達』は法務省の姿勢をダイレクトに示している。全文掲げたいのだが、あまりに長い。後半の一部のみ引用しよう。

「死刑囚は、死刑判決の確定力の効果として、その執行を確保するために拘置され、一般社会とは厳に隔離されるべきものであり、拘置所等における身柄の確保及び社会不安の防止等の見地からする交通の制約は、その当然に受忍すべき義務があるとしなければならない。さらに拘置中、死刑囚が罪を自覚し、精神の安静裡に死刑の執行を受けることとなるように配慮さるべきことは行政上当然の要請であるから、その処遇に当たり、心情の安定を害するおそれのある交通も、また、制約されなければならない」

『六三年通達』によって、死刑が確定すると同時に、友人・知人との面会や文通は全面的に禁止されるようになったのである。

死刑囚はほんとうに、「一般社会とは厳に隔離されるべきものであり」、「（その）罪を自覚し、精神の安静裡に死刑の執行を受けることとなるよう配慮さるべき」存在なのか。死刑囚にも再審を請求したり、恩赦を出願する権利がある。それよりもなによりも、日本は法治国家である。法の規定はもっとも大切にされなければならない。

再三くり返してきたように、獄中処遇は監獄法で規定している。監獄法第九条は「死刑囚の外部交通は被告人に準ずる」旨定めている。人権意識のカケラもない明治の法律も、死刑囚の外部交通を認めている。だからこそ、「日本のチェスマン」は生まれたのである。死刑囚が権利を主張することじたい、法務省は気に入らなかったのだろう。一片の通達によって、死刑囚の外部交通を大幅に制限した。行政は法の上にある。日本は法治国家でなく、行政統治国家である。

『六三年通達』の発せられた年、憲法が施行されてほぼ十五年経っていた。翌一九六四年、東京オリンピック。東京・大阪を新幹線が結び、ビルの谷間をハイウエーが走る。高度経済成長。世の中はすっかり様変わりしたが、獄中処遇は明治時代よりかえって悪化した。行政によって法が堂々と踏みにじられたのは、司法・行政・立法の三権分立でなく、行政による立法権の侵害……民主主義の危機的状況を示していた。

人権先進国では、外部交通を在監者の権利と位置づけている。そのことが死刑のあり方を変えた。のちにあらためてふれよう。

教誨制度は必要か

教誨とは何か。さまざまな角度から検討してきた。問題点はいくつもあった。第一に、憲法(第二十条)は国家機関による宗教教育、宗教活動を禁じているのに、監獄法は「受刑者ニハ教誨ヲ施ス可シ」と規定している。憲法違反の法律がまかり通っている。

再審裁判で死刑から一転無罪になった免田栄によれば、無実の罪をきせられても、「前世の因縁だから、甘んじて受け入れろ」と説く僧侶が少なからずいるらしい。このように問題の多い教誨制度は廃止すべきか？……考えていただきたいのは、じつは、ここから先である。

教誨師に腹立たしい思いをさせられた免田も、教誨制度の廃止には賛成しないだろう。なぜなら、「誤って有罪判決を受けたばあい、再審を申し立てられる。再審裁判で無罪になれば、はれて実社会へ戻れる」と、免田に教えたのは教誨師だった。いったいどうやって請求するのか。教誨師は具体的な手続きを知らなかった。免田は、看守に相談した。

「法律のことはあいつが詳しい」

看守はある収容者の居房へ免田を連れていった。免田は彼の房へ日参して、勉強した。獄中処遇のきびしいいま、信じられないような話である。

こんにち、死刑囚でも再審請求をできるのは広く知られている。気の早い者は、一審で死刑判決を受けると、再審の準備をはじめる。彼らの気持ちはわからないではない。最高裁は検察サイドに立っている。二審の死刑判決は、まずくつがえらない。判決が確定すると、外部交通は全面的に禁止される。家族との〈つながり〉を絶たれた死刑囚は、事前に準備しておくほかないのである。

それにしても、死刑囚と教誨師はどのような〝付き合い〟をしているのだろうか。

いまは亡きシュバイツァー寺（熊本県玉名市）の住職・古川泰龍は、死刑囚の〝救出〟に尽力した教誨師として知られている。

古川の教誨師歴は古く、一九五〇年代までさかのぼる。当時、福岡拘置所で教誨師をしていた。「死刑囚教誨にとくに力を入れていた」と、のちにその著『叫びたし寒満月の割れるほど』（法蔵館）で、つぎのように書いている。

「死刑囚教誨に力を入れていたということは、生来底辺の人にもっている同情というものも働いたであろうが、同時に一貫して求めてきた生死解脱の願いが、私を彼らに接近させたのであった。だから私には、彼らを教誨するなどという意識はなく、ともども生死解脱の道を求めて励まし合う同行の仲であった。（中略）明日をも知れぬ死刑囚たちの深刻な苦悩をわが苦悩として、生死解脱の道をひたすら追求して止まなかった。あの白熱的な教誨室の日々は忘れられない憶い出である」

教誨は一般に、「受刑者に対する徳性の育成を目的とする教育活動」（『広辞苑』）と認識されていた。真宗大谷派によれば、教誨とは「人を導くことであり、さらに、これを具体的にいえば、収容者をさとし導き、善にたちかえらせること」だった。古川は「私には、彼ら（死刑囚）を教誨するなどという意識はなく……」と、従来の教誨を暗に否定している。

教誨を続けるうちに、「福岡事件」で死刑判決を受けた西武雄と石井健治郎に出会った。「福岡事件」はきわめて複雑な事件である。戦後間もない一九四七年五月、福岡市内でピストルの密売と古着の売買、露店商のケンカなどのからむ殺人事件が発生した。この時代、銃は巷にごろごろしていた。復員兵が戦地から持ちかえったからである。

被害者は戦勝国の中国人とあって、警察は犯人捜しに奔走した。やがて、西と石井のほか六名が次つぎ逮捕された。拷問捜査による自白で、本来別個の事件が、「強盗殺人事件」として一つにまとめられ、現場にいなかった西は主犯にまつり上げられた。

被告人として法廷に立った西は無罪を、石井は正当防衛を、それぞれ主張した。裁判官は彼らの訴えに耳を貸さなかった。石井は現場にいなかったことが証拠上あきらかなのに、裁判所は検察側の主張にもとづいて、「共同共謀正犯」と認定した。刑法の規定で、実行行為に手を染めていなくとも、謀議の段階でかかわっていれば、実行犯と同罪なのである。西と石井は死刑。他の被告人は一人を除いて全員有罪だった。一九五六年、二人の死刑判決は確定した。

古川に出会った西は無実を、石井は不当に重い刑を科せられたと訴えた。二人の話を聞いた古川は、ぼう大な事件記録に目を通した。捜査の内容や判決に疑問をいだき、身銭を切って再審運動をはじめた。それを知った福岡拘置所は、古川を〝解雇〟した。前掲書で古川は続ける。

「このような充実した死刑囚教誨も昭和三十七年(一九六二年)以降は法務省の拒否するところとなった。私が冤罪死刑囚の再審運動を始めたということが、刑務行政上困るという理由であった。私は愛する死刑囚たちのために涙をのむ思いながら法務省の方針に逆らうことは許されなかった」

監獄当局が教誨師に求めていたのは、前出『六三年通達』のいうように、死刑囚を「精神の安静裡に死刑の執行を受ける」ように導くことであった。古川は逆に、死刑囚に生きる望みを与えたのである。当局は放置しておくはずがなかった。〝解雇〟された古川は、マスコミや政治家に真実追及の必要性を説き、あるときは街頭に立って、「無実の死刑囚を救え」と訴えた。再審請求は五度に渡った。いずれも棄却された。つぎに恩赦を出願した。一九七五年六月十七日、石井は無期懲役に減刑され、同じ日、西は処刑された。

叫びたし寒満月の割れるほど

西の獄中句である。無実の罪で生命を絶たれる。どんなにか腹立たしく、哀しく、月をも割れんばかりに叫ばずにいられなかったろう。

「国はむごいことをする。福岡事件の西が死刑を執行されてしまった。共犯者が恩赦相当として閣議で無期に減刑された日にである。

一方でアメ玉をしゃぶらせておいて、片方でそれこそ抜く手も見せずに殺してしまう……国家権力は暴力そのものだ」

地元紙の『西日本新聞』は翌日、こう伝えた。恩赦も当局の恣意のままなのである。

さらに十五年ほど過ぎた一九八九年十二月八日、石井は仮釈放で出所した。逮捕以来この間、四十二年の歳月が流れていた。事件当時三十歳の青年は、七十二歳の老人になっていた。一般刑事事件で、死刑から無期に減刑された者は他にもいる。しかし、生きて実社会へ戻ったのは、石井が初めてではないか。古川はこの間の経緯を、前掲の『叫びたし寒満月の割れるほど』にまとめた。

教誨——死刑囚の念い

有実の死刑囚(前述したように、「無実」という言葉があるのだから、「有実」という言い方があってもよいだろう)は、教誨をどのように受けとめているのだろうか。教誨をほどこす側から書かれたものはいくつかある。古川も前掲書でふれている。真宗大谷派教誨師会編著『教誨指針』、元大阪拘置所所長の玉井策郎著『死と壁』、同じく大阪と東京の拘置所で所長をつとめた高橋良雄著『鉄窓の花びら』などよく知られている。教誨を受ける側……死刑囚の側から書かれたものは皆無にひとしい。個人的に交流のある何人かの死刑囚に、それとなく訊いてみた。「それとなく」というのは、取材となれば、〝相手〟は構える。その前に、死刑囚に限らず塀の向こうにいる人たちを取材するのは、事実上不可能である。面会時間はせいぜい十分から十五分。用件を伝えているうちに過ぎてしまう。ばかりでなく、面会そのものが制限されている。

面会にあたって、「面会申込用紙」に、面会人の氏名・年齢・住所・職業などを記載して、拘置所の面会者用窓口に提出しなければならない。職業欄に「ジャーナリスト」「文筆家」などと記すと、面会を禁止されたり、「面会で見聞きしたことは公にしない」旨の誓約書を提出させられたり、「事件と処遇にかかわる話はしないように」と、クギをさされたりする(拘置所によって異なる)。面会に看守が立ち会い、会話はすべてメモされる。〝禁〟を破れば、面会は即刻中止される。

手紙のやりとりも思うにまかせない。被告人は手紙の発信を一日一通ないし二通に制限されている。複雑な事件をかかえて、弁護士とひんぱんに手紙のやりとりをしているばあい、返事はどうしても遅れる。限られた日にちのなかで、取材しようはない。

前置きはこのくらいにして、A子は決して例外的なケースではあるまい。

彼女は三十歳を過ぎたばかりのころ、二件の誘拐殺人事件を企てた。彼女の名を聞けば、「ああ、あの事件の被告人か」と思い出す方が多いだろう。事件発覚時、連日のように関連報道で賑わった。名前を明らかにするには、本人の了解を得なければならない。すでに刑は確定した。連絡の取りようがなく、仮名にした。他の死刑囚も同じである。

逮捕された彼女は、長い取り調べのあと、拘置所へ送られた。房へ入れられた途端、一種のパニック状態に陥った……いちいち断らないけれど、以下すべて手紙でのやりとりである。文中に疑問があれば、再び手紙で問いただす。なぜパニックに陥ったのか？　わたしの質問に、彼女は長い返事を寄せた。

「原因は〝絶望〟です。死刑から来る絶望ではありません。三畳の狭い部屋に閉じ込められ、完全に一人にされてしまう……話し相手が無く、テレビ等の娯楽が一切ない、食物一つ手に入らない。朝から晩まで規則、規則！　そのような別世界で〝これからずっと生きねばならない〟という苦痛。一切の自由を剝奪されてみると、想像を絶する苦痛です。二度と愛する家族に会うことができない。二度と自由に土の上を歩くことができない（アスファルトでも、街でも）。全てについて〝二度と再び○○できない〟です。

人間は希望とか目的が無いと生きていけないのが、嫌になるほどわかりました。（中略）私はこのまま、やがて死ぬんだと思うと、とても耐えられません。死の恐怖などという漠然としたものではありません。もっと現実的で切実で、目の前の今、身体を生きるのが苦痛なのです。……〝たった一人になってしまった〟という絶望感と、〝こんな辛い毎日を生きなくてはならない〟という絶望感から、生きていくのが嫌になったのです。とにかく死にたいという思いで、頭が一杯でした。獄中では誰にも相談できませんし、気分転換もありませんから、心配事、悩み事は段々と大きくなる一方なんです」（かっこ内も原文）

九〇年代に入って、死刑執行があいついだ。「死刑に代わる刑として、釈放のない終身刑を設けるべきだ」といった意見が、死刑廃止論者のあいだからも聞こえるようになった。彼女の手紙を読んでいると、死刑より釈放のない終身刑のほうが残酷ではないか、と思える。のちに改めて考えよう。拘置所の所長と保安課長は、「世間話でもしたら気が紛れるのではないか」と、教誨をすすめた。彼女は受け入れた。手紙は続く。

「ずいぶんお年の教誨師さんと仏間の教誨室で、二人だけでお会いしました。私は世間話など全く興味がなく、〝仏教の話をして下さい〟とお願いしたら、実に判り易く、教えるという様な押しつけがましさもない。私は何となく興味を抱き、『お経を教えて下さい』とお願いしたところ、真新しい経典や数珠など一式を持ってきて下さいました……」

八回目の教誨で、彼女は初めて「南無阿弥陀仏」と声を出して読経した。彼女は宗教によって、精神の安定を取り戻した。

一審判決、死刑だった。控訴にともなって、彼女の身柄は高裁所在地の拘置所へ移された。教誨師は各監獄に属している。拘置所が替わると、教誨師はもちろん、教誨の内容まで変わる。

「ある教誨師は、『今日は時間がないから簡単にします』と、仏教儀礼……たとえばお焼香なども無く、いきなり読経を始め、しかも、通常の三倍位の速度。唱和なんかとてもできません。あまりのいい加減さに啞然とさせられました」

「私も官(監獄当局)にすすめられて、教誨をはじめた」とB夫はいう。彼は婚約者とその家族を殺傷して、死刑を宣告された。

「借金を返さないと結婚できない」と婚約者に求められるまま、一千万円近い金を用意した。彼女はその金をそっくり他の男に貢いでいた。騙されたと知ってカッとなったB夫は、彼女の自宅へ押しかけた。仲裁に入った彼女の親兄弟まで包丁で殺傷した。一一〇番通報で駆けつけた警察官に、殺人の現行犯で逮捕された。捜査当局の取り調べが終わって拘置所へ収容されて、事件を振り返るうちに贖罪心がわいてきた。

「被害者の冥福を祈りたい」と、拘置所の職員に話した。職員は仏教教誨をすすめた。

「あまり気乗りはしなかったのですが、せっかくすすめていただいたのだし、一日中房に座って居るだけの生活は変化がない。人（教誨師）と会えればいくらか時間も短く感じられるはずだと、教誨を受けることにしたのです」

B夫はせっかくはじめた教誨を、まもなくやめた。

「『毎日これを唱えなさい』と、お経の一節を書いた紙をもらいました。その教誨師は死刑を肯定するような口振りだったのです。いつの頃からか、『何だこの坊主』と思うようになって、お断りしたのです」

一審判決は死刑だった。控訴と同時に、高裁所在地の拘置所へ移された。いらぬ誤解を招かないように、拘置所名ははぶいたけれども、A子と別の拘置所である。

別の拘置所へ移ってから、B夫はキリスト教（カトリック）の教誨を受けはじめた。私信の中で、彼は語る。

「キリスト教に関心をもったのは、支援の方がカトリックの雑誌を差し入れてくれたからです。一読して、自分もこのような考えができればと思いました。その人はまもなく引っ越したのですが、紹介して下さったシスター（修道女）が、聖書やキリスト教の書物を差し入れて下さいました。それらをくり返し読むうちに感動して、キリスト教の教誨を受けさせて欲しいと、願箋を出したのです……」

Ｂ夫は支援者を通して、キリスト教の存在を知った。八〇年代に入って、死刑反対の声が高まるとともに、「個別支援」（個々の死刑囚に対する支援）が盛んになった。いま、ほとんどすべての死刑囚に支援者がついている。彼らは精神的、経済的に死刑囚をサポートしている。死刑判決が確定すると同時に、当局は彼らの外部交通（面会や文通）を禁止。支援との〝関係〟は自動的に打ち切られる。支援と宗教は直接結びつかないものの、キリスト教系の支援活動は、以前から活発だった。

文中の「願箋」は監獄用語で、当局への要望事項を記した書面。当局に〝お願いごと〟をするときは、文書（願箋）にして提出しなければならない。Ｂ夫の〝願い〟は聞き入れられなかった。「未決囚には教誨を受けさせない」と当局は要求をはねのけた。彼は面会の席で、この間の経過をシスターに打ち明けた。彼女は教誨師の神父に相談した。話を聞いた神父は拘置所の所長と〝交渉〟して、Ｂ夫は教誨を受けられるようになった。

監獄法の規定では、刑の確定者には教誨を施さなければならない。Ｂ夫のように未決の死刑囚には教誨を施してもよいし、施さなくともよい。所長の裁量で決められる。法は行政の権限を幅広く認めているので、コネがきく。獄中処遇が監獄によって異なるのは、法の規定そのものがあいまいだからである。

Ａ子やＢ夫をみていると、人は理念でなく、人との出会いによって宗教を選ぶかのようである。

「はじめに」で、死刑囚・平田直人の歌集『賽の河原に積む石いくつ』を紹介した。彼は一九七〇年代末、二件の殺人事件を企てた。一審判決、死刑。控訴は棄却され、最高裁へ上告していた一九八七年、支援者が歌集を発刊した。

「賽の河原」は、仏教説話によれば、冥土にある三途の河原である。子どもの亡者は父母供養のために、河原の小石を拾っては積み上げる。そこへ鬼がやって来て、積み上げた石塔を壊す。積み上げても積み上げても壊される。転じて、「いくら積み重ねても無駄な努力」（『広辞苑』）をいう。死刑囚にとって牢獄は、まさに賽の河原である。この先、死しか待ち受けていないとしたら、生きながらに冥土に迷い込んだかのようである。

仏教説話にもとづくタイトル。宗教心に目覚めて歌をつくったかのようだが、仏教を直接の題材にした作品はない。歌集が出版された当時、彼は教誨を受けていなかった。独房で日夜読経する同囚たちの声を聴くうちに、歌を詠むことで被害者の冥福を祈っていたのだろう。

　歌はわが生きゆく糧とも贖罪とも思いて素直に歌にまむかう

という作品がある。

支援者の話では、死刑判決確定後、平田は仏教系の教誨を受けはじめた。姉にすすめられたらしい。姉はどのような思いですすめたのだろう。いまや確かめようもない。一九九五年十二月二十一日、平田は福岡拘置所で処刑された。仏教説話では、賽の河原にやがて地蔵が現れて、亡者は助けられる。現実はそうはいかなかった。

弟のあとを追うように、姉は病死した。平田の「確定後」を知る者はいない。多少の想像を許していただくなら、平田もまた他の死刑囚と同じように、宗教に心の支えを求めたのに違いない。「人間金庫」。迫り来る死。心の支えとなるものがなければ、とうてい耐えられまい。

監獄当局は、教誨もまた「心情の安定した証拠の一つ」とみなしている。教誨を受けているか否かは、死刑を執行するか否かの、判断基準の一つにされている。このあたりの問題にふれる前に、ヨーロッパを中心に、キリスト教は死刑をどのようにとらえているかみておきたい。日本でも、クリスチャンは昔から死刑囚の支援にかかわってきた。その理由もおわかりいただけるだろう。

第三章　キリスト教と死刑

権力と宗教施設

ゴールデン・ウィーク、夏休み、年末年始……長い休暇がとれるようになって、海外旅行を楽しむ人たちが増えた。毎年、千七〜八百万人の人たちが海を渡っている。

人気のトップは、近くて安いアジアの国々。ついで、太平洋沿岸諸国か。ヨーロッパはおろか、南米やアフリカあたりまで、多くの人たちが足をのばしている。世界は日本人観光客であふれている。そうした現実……海外旅行はとりたててめずらしくない。行く気になれば、だれでも行けるという現実を踏まえて、ヨーロッパを中心に、宗教と死刑の〝関係〟をとらえなおしてみたい。

「はじめに」で述べたように、キリスト教・イスラム教・仏教の三大宗教文化圏のなかで、死刑を廃止したのはキリスト教文化圏だけである。仏教文化圏に属する日本にとっても、参考になるはずである。

いささか極論めいた言い方になるが、どんなに短いパック旅行でヨーロッパを訪れても、観光スポットにはかならず、

①権力の施設

②宗教の施設

が入っている。

①の代表格は城である。ヨーロッパには城壁で囲まれた街が少なくない。日本人にとって、街そのものが城のように見える。多くの居城が内部を公開していて、かつて、王侯貴族の寝起きしたベッドルームまで見学させてくれる。昔の権力者の暮らしに目を奪われがちだが、機会があったら、ぜひ地下室を覗いていただきたい。

城の地下はたいがい牢獄だった。囚人や捕虜を閉じ込めた。食事は床の一角を持ち上げて、ヒモで吊り下ろした。その瞬間、わずかに光が差し込む。床が閉じられると、牢内は再び漆黒の闇につつまれる。便器はなく、尿便はたれ流し。囚人たちは一日中真っ暗闇のなかで過ごした。いまや観光客向けに、地下牢にも照明装置がつけられた。昔の獄中生活を想像しながら、地下を歩いていただきたい。近世以前、ヨーロッパの獄中処遇は、日本よりはるかに劣っていた。

街へ出よう。人口の増加にともなって、街は城壁の外へ広がった。城壁そのものを撤去した街もある。もっとも有名なのは、フランスの首都パリだろう。膨張する人口に追いつかなくなったのだ。城壁の外は新市街（ニュー・タウン）。城壁の中は、旧市街（オールド・タウン）である。オールド・タウンには古い街並みがそっくり残っている。その中心に、観光スポット②のカテドラルが聳《そび》えている。街

によっては、カテドラルより高い建物の建設を禁じている。それだけにいっそう目立つ。

日本はカテドラルをふつう、「聖堂」と訳している。見上げるほど高いドーム型の天井、キリスト教をモチーフにした宗教画……くどくど説明するまでもなく、ご覧になった方が多いだろう。ここで確かめておきたいのは、キリスト教の教会に限らず、観光スポットになるほどの宗教施設は、強大な権力によってつくられたことである。

京都や奈良の寺のように、入口で入場料（拝観料）を取る教会は、日本でもほとんどない。ヨーロッパをくまなく歩いたわけではない。断言はできないし、するつもりもないけれども、宗教施設を〝商売道具〟にしているのは、「先進国」と呼ばれる国の中では日本だけだろう。宗教心の違いも、確認しておかなければならない。

ヨーロッパでも著名な教会の内部を見学しているときだった。背広姿の男がずかずかと近づいてきた。ガードマンのようだが、確かではない。彼は、「これからミサをはじめる。あなたはミサのサービスを受けるか」と訊く。

「ノーサンキュウ」

わたしは首を横に振った。

「それなら出てってください」

背広服の男は、観光客一人ひとりにあたっていた。日本とヨーロッパとの宗教心の違いを見る思いがした。日本人は一般に、宗教的潔癖さに欠ける。クリスチャンでないのにクリスマスを祝い、子どもが生まれると神社に詣でてお祓いを受け、葬儀は僧侶に託すといったぐあいである。こんな目茶苦茶な国はない。

ヨーロッパやアメリカなどキリスト教文化圏でも、「ひと昔前に比べて、宗教心は薄らいだ」といわれている。日曜日の礼拝に教会を訪れる信者は、めっきり少なくなったようだ。とはいえ、モスリム（イスラム教徒）でもないのにモスクへ出かけてお祈りしたり、逆に、モスリムが教会へやって来たりはしない。

モスクはしばしば「イスラム寺院」と訳されている。これも日本人の宗教的無知と無関係ではあるまい。「寺」は仏教施設である。『広辞苑』を繰ってみよう。

「（パーリ語 thera（長老）、または朝鮮語 chyŏl（礼拝所）からという）(1)仏像を安置し、僧・尼が居住し、道を修し教法を説く建物。（かっこ内も原文、以下略）」

他人を批判するつもりはない。わたし自身が宗教的無知なのである。それにもかかわらず、死刑と宗教の関係をとらえようとしている。できるだけわずらわしさを除こうと、出典はいちいちあきらかにしないが、無知なるがゆえに、関連著作に目を通し、キーになるワードは辞典類にあたっている。それでも、誤解や曲解は避けられない。いまのうちに謝っておきたい。

カテドラルと「法王」

カテドラルの原語カテドラ（kathédra）はもともと、椅子を意味するギリシャ語だった。ギリシャ・ローマ時代（紀元前八〇〇年〜紀元後二〇〇年）、皇帝や裁判官、教授などの座る椅子を指した。つまり、権威の象徴だった。教会では、司教が説教したり、後述の宗教儀式をするときに座るというより登る高い椅子が、「カテドラル」と呼ばれた。やがて、司教の常駐する教会そのものを意味するようになった。

カトリックは一定の地域(ときに、一つの国)をいくつかの教区にわけている。教区には神父がいて、さまざまな宗教儀式——日曜日の礼拝、ミサ(神父から「聖体＝パン」と「聖血＝ワイン」をもらって、神に感謝する儀式)、洗礼(キリスト教の信者となるための儀式)、結婚式や葬儀など——を執りおこなっている。司教は、「司教区」(一番小さな教区)につとめる神父の〝ボス〟である。司教区をいくつか〝たばねた〟のが「管区」、管区の長は大司教。彼らの一番上に、ローマ法王がいる。「法王」の呼称には抵抗を覚えるけれども、一般化しているのでそのまま使う。

ローマ法王庁は、ローマ市西端のヴァチカンの丘にあった。「ヴァチカン」といえば、「法王」ないし法王庁をさした。一九二九年、ヴァチカンは一つの国として独立した。民主主義の世の中、「法王」はさすがに政治権力を失ったものの、カトリックの世界ではいまだに、強大な影響力を持っている。

同じキリスト教でも、プロテスタントはまったく異なる。一部の宗派は教会さえ持たない。当然ながら、教区などない。こうした宗教上の慣習や歴史を刻んできたヨーロッパにあって、イギリスはやや例外に属する。十六世紀前半のイングランド王ヘンリー八世(在位一五〇九～四七年)は、熱心なカトリック教徒だった。十六世紀初頭に登場した、ドイツの宗教改革家マルチン・ルターらの宗教改革運動を非難して、ローマ法王から「信仰擁護者」の称号を贈られた。ルターにはのちにふれる機会がある。

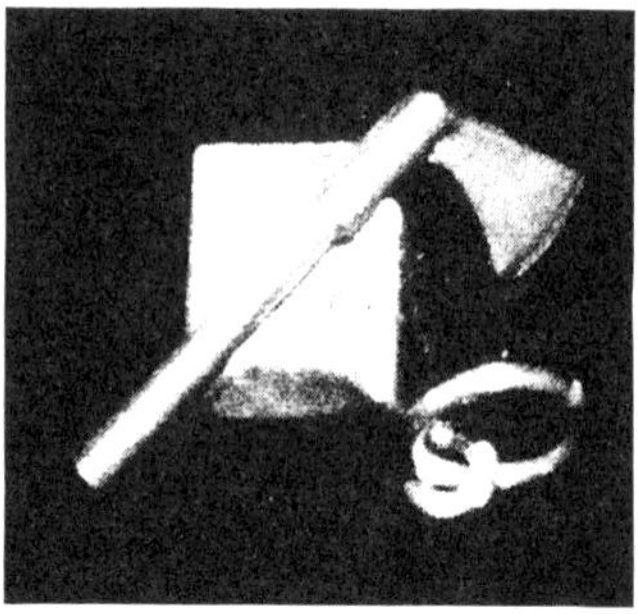

若い娘のアン・ブーリンと愛し合うようになったヘンリー八世は、王妃のカサリンを離婚して、彼女と結婚した。ローマ法王は、二人の結婚を認めなかった。カトリックは教義で離婚を禁じているからである。

ヘンリー八世は、ローマ教会と訣別。新たにイギリス国教会を設立した。ローマ法王の〝支配〟から脱したものの、旧来の機構はそのまま。教区はあるし、司教や大司教もいる。国王（女王）の戴冠式はカンタベリー大司教が執りおこなっている。形式的にせよ、王位はイギリス国教会の承認のもとに、継承されている。

上の写真は、イングランド王のかつての居城、いわゆるロンドン塔の売店で買い求めたアクセサリー（ネックレスのヘッド）である。写真ではわかりにくいかもしれないが、斧と斬首台を組み合わせたもの。斧で首を切るのは、ギロチンが普及する以前のヨーロッパで一般的な死刑の執行方法だった。

イギリスは一九六〇年代に死刑を廃止した。廃止に至る経過はのちに詳述しよう。日本にとっても、大いに参考になる。このアクセサリーは、数年前に訪れたとき、ロンドン塔のみやげ店で偶然見つけた。斧と斬首台は〝歴史的遺品〟といえ、いまなお死刑制度を維持していたら、観光客相手のみやげにならないだろう。

テムズ河沿いに建つロンドン塔は、著名な観光スポットである。訪れた方は多いだろう。イギリス王室の宝物館は有名だが、塔内に実際に使われたギロチンが展示されている。これで多くが処刑された。ギロチンは単なる展示品でなく、歴史的遺物である。

ところで、日本はカトリックの最高位者をなぜ「法王」と呼ぶのだろうか。「教皇」の呼称もみかける。奇異でならない。

ラテン語では、「ポンティフィックス」(pontefix)である。直訳すると、「橋を結ぶこと」。裏に〝この世と天国を結ぶ人〟といった意味が隠されている。英語は「ポープ」(pope)。「パパ」の語源にあたる言葉で、「神父」と同じように尊敬のニュアンスがこめられている。イタリア、フランス、スペインなどカトリックの国々はいずれも、自国語の「パパ」に類した敬称を使っている。これらの呼称でお気づきのように、キリスト教文化圏は従来、徹底した父権主義をとっている。日本の家父長主義と違って、父親は絶対的な権限とともに、家族を守る義務と責任を負わされている。

キリスト教国でない日本がどうして、「法王」「教皇」などといういかめしい呼び方をしているのだろう。わたしには不思議でならなかった。キリスト教に限らず宗教全般に対して、わたしはさまざまな疑問をいだくようになった。脇道にそれるようだが、その理由を述べておきたい。

わたしたちはふだん、宗教について学ぶ機会をほとんど持たない。自国の宗教はいうまでもなく、他国の宗教はまるでお手上げである。公教育の場では、教科の中に宗教を組み込んでいない。島国でしかも長いあいだ鎖国していたので、異民族(=異宗教)と接する機会が少なかったことも影響している。キリスト教の教典である『バイブル』ぐらい読んでいたが、宗教書というより、歴史書や文芸書の感覚で接していた。

キリスト教の知識なしに、ヨーロッパの歴史や文明は理解できない。美術館を訪れればキリスト教をテーマにした絵画や彫刻であふれている。音楽や小説、思想や哲学の中にもしみ込んでいる。たとえば、自由と平等の精神ですら、キリスト教にもとづいている。人間はア・プリオリに、自由・平等ではない。ここでわざわざ述べるまでもなく、貧富の差は歴然としてあるし、生まれながら才能に恵まれた者もいる。万人は神の前で自由であり、平等なのである。

さらに、犯罪捜査のあり方から刑罰（死刑）まで、キリスト教と深く結びついている。本書のテーマにかかわる問題なので、のちに補足しよう。死刑囚と出会わなかったら、宗教とは何か、問おうとしなかったかもしれない。彼らはわたしにとってよき教師であり、暗黙のうちに多くを教えてくれた。

キリスト教の教誨を受けている未決の死刑囚と、ときに、宗教をテーマに「会話」をはずませた。もちろん、膝を突きあわせて話し合うことはできない。面会は許されても、せいぜい十分から十五分。手紙で「会話」するしかない。十数年前、ある死刑囚から「イエスの奇跡は真実と思いますか？」と問われた。『バイブル』は、さまざまな「奇跡」を伝えている。イエス・キリストの母マリアは処女だったとか、イエスは盲人にふれただけでその目をなおしたとか、わずか数個のパンと数匹の魚で五千人もの人たちを飢えから救ったとか、あるいはまた、十字架の上で処刑されたのに、数日後に蘇《よみがえ》ったとか……。

膝を突きあわせて話し合えるなら、「処女が子どもを身籠もったって⁉ バカも休み休みいえ」と、冗談めかして否定する。しかし〝相手〟は死刑囚である。「人間金庫」と呼ばれる三畳一間の独居房に一日中収容されている。窓はフェンスで閉じられ、戸外の風景を眺める楽しみすらない。必然的に精神は研ぎ澄まされたように鋭くなる。うかつに冗談を言えば、いらぬ誤解を招きかねない。

大半の死刑囚は教誨を介して、あるいは、第三者にすすめられて、信仰の道に入った。彼らは被害者の冥福を願い、自らの心の安らぎを求めて、教誨を受けている。それがわかっているだけに、むげにあしらえない。といって、クリスチャンでもないのに、クリスチャン面《づら》はしたくない。何と答えたものか。

返事が遅れると、余計な心配をかけかねない。電話、ファクス、Eメールもある時代に、塀の内と外とで意志を伝えあうには、手紙か電報しかない。返事が遅れて、「体の具合でも悪いのですか」と手紙をもらったことがある。返事を催促しているのだ。〈つながり〉が切れるのを、彼らはもっともおそれている。塀の外にも知人がいて、自分の身を案じていてくれると思うことで、心の安らぎを覚えている。

悩みに悩んだあげく、わたしは「宗教的事実」と答えた。「重要なのは、奇跡は真実か否かでなく、『バイブル』に記されてこんにちまで伝えられていることだ」と……。

正解かどうか、正直、わたしにはわからない。こんなエピソードを公にしたのは、自身の無知を隠したまま〝先〟へすすみたくないからである。

宗教（キリスト教や仏教に限らず）を体系的に学ぶ機会を持たなかったわたしには、わからないことばかりだった。わからないことは愚直に問いなおしていくのが、わたしのやり方である。前出した「ローマ法王」もその一つである。日本ではなぜ、カトリックの首長を「法王」「教皇」と呼ぶのか。本を読んだり、人に尋ねたりしているうちに、日本特有の名称ではないかと思えてきた。日本はかつて、同種の称号を使っていた。

奈良時代の僧・道鏡は、女帝・孝謙《こうけん》天皇の寵愛を受けて、一時期、太政大臣《だじょう》として国を治め、「法王」として宗教界に君臨していた。当時、天皇にうまくとりいれば、最高権力を手中にできた。道鏡は孝謙天皇の死後、失墜した。

平安時代、「法王」と「教皇」をたして二で割ったような「法皇」という称号があった。生きている間に皇位を譲る例はめずらしくなかった。明治以前、「一世一元制」ではなかった。皇位を譲った天皇は「上皇」、仏門へ入った上皇は「法皇」と呼ばれた。「法王」「教皇」の呼称は、キリスト教を日本文化(?)の枠組みの中へ押し込めて、理解しようとした証しではないか。

ローマ時代の死刑

十字架のキリスト……日本では、アクセサリーでしかないのだろう。クリスチャンでないのに、ペンダントにして首から下げている人をよくみかける。カトリック教徒にとって、十字架のキリストは崇拝の対象であり、教会の礼拝堂にはかならず置かれている。ヨーロッパではるか昔から絵にし、彫像にしてきた。

イエスの誕生と死の物語は、二千年ほど前までさかのぼる。イエスはパレスチナ地方のベツレヘムで生まれた。ベツレヘムは、エルサレムから十キロほど離れた小さな町である。エルサレムはイスラエルの首都として、世界に承認されていない。このあたりに、歴史の複雑さ(=宗教史の複雑さ)がある。キリスト教だけでなく、ユダヤ教やイスラム教にとっても「聖地」のエルサレムは、紀元前の昔からパレスチナ地方の中心地だった。

イエスの母マリアは、ユダヤ人モーセの子孫と伝えられている。モーセはユダヤの民族的、宗教的指導者である。「殺すなかれ」「姦淫するなかれ」など「モーセの十戒」は、日本でもお馴染みだろう。

彼女の夫ヨセフは、ベツレヘムに住む大工だった。ヨセフはイエスの父ではない。『バイブル』を信ずるなら、マリアはヨセフとセックスしないで、「神の子」イエスを身籠もった。イエスが布教活動に入って名声を高めると、異教徒たちはイエスを「大食いで大酒飲み」とののしった。「大食い・大酒飲み」は、当時、私生児をヤユする言葉だった。生命科学の未発達なこの時代でも、「処女懐胎」は万人に受け入れられなかった。

イエスは布教をはじめて数年で捕らえられた。たった数年間の行動が、二千年経ついまなお、世界の多くの人びとに信じられている。イエスは「瀆神罪」(神を冒瀆する罪)を犯したとして逮捕された。古来から、「異教」はつねに迫害された。

捕らえられたイエスは裁判にかけられた。イエスの弟子の一人、マルコは『バイブル』のなかで、こう伝えている。

「人々は、イエスを大祭司のところへ連れて行った。祭司長、長老、律法学者たちが皆、集まって来た。(中略)祭司長たちと最高法院の全員は、死刑にするためイエスにとって不利な証言を求めたが、得られなかった」(『和英対照新約聖書』日本聖書協会刊。以下、同書による)

『バイブル』は、四人の弟子たちの「伝言」や手紙で構成されている。「伝言」の英訳はゴスペル(gospel)、前掲書は「福音」と訳している。

福音はキリスト教に関係ない場所で、目にすることはない。辞書（『広辞苑』）には、「①よろこばしいしらせ。②イエス・キリストの説いた神の国と救いの教え」と載っている。異教徒にとって、一つひとつの用語はむつかしい。それでも、無視はできない。もう少し、用語にこだわって続けよう。

祭司長はユダヤ教の職業宗教家。日本ではキリスト教の神父や牧師、僧侶や神官などを一般に、「聖職者」という。宗教を神聖視してきたからか。本書では、仕事（職業）として宗教にたずさわる者を「プリースト」（職業宗教家）と呼ぶ。律法学者はとりあえず、「法に精通したユダヤ教徒」としておこう。

最高法院はローマ帝国の裁判機関である。当時、パレスチナ一帯はローマ帝国の支配下に置かれていた。ユダヤ人が罪を犯したばあい、ユダヤ人の手で裁いて刑を執行した。死刑に該当する事件は、例外的に最高法院で審理した。裁判には最高法院の役人ばかりか、ときに支配地の最高権力者であるローマ総督が立ち会った。

イエスは彼らの前に引き出された。ユダヤの律法学者やローマ帝国のお偉方が尋問した。反論の機会を与えたのである。はるか二千年前、まがりなりにも裁判手続きが整っていたのに驚かされる。日本は江戸時代まで、罪人は反論の機会を保障されていなかった。一八八二年（明治十五年）に制定された治罪法（現代の刑事訴訟法）よって初めて、捜査や裁判の手続きは定められた。

話を戻すと、ローマ時代にはさまざまな死刑があった。

①磔刑《たっけい》

②石打ち刑

③火《ひ》あぶり刑
④斧で首を切る刑
⑤刀で首を切る刑
⑥水刑
⑦猛獣刑

などである。

①は十字架刑ともいった。手足を十字架に打ちつけて、槍で突き殺したり、衰弱死させた。②はのちにみる。③と⑤は説明不要だろう。④は前出した。⑥は罪人を革袋に入れて水中に没する刑。⑦は競技場で、死刑囚と猛獣を闘わせた。猛獣に勝てば無罪放免された。猛獣を倒すのは、もとより不可能だった。

これらの刑の一部はローマ人が執行した。⑦はもっとも有名だろう。世界遺産の一つに数えられているローマのコロシアムは、囚人と猛獣を闘わせるために建てられたといわれている。皇帝ネロは多数のキリスト教徒を、コロシアムで猛獣刑に処した。四世紀に入ってローマ帝国がキリスト教を承認すると、コロシアムでの処刑はやめた。死刑と宗教のかかわりを考えさせるエピソードの一つである。

法廷に引き出されたイエスはやがて死刑判決を受ける。その場面をヨハネの「福音書」は、つぎのように伝えている。

「祭司長や下役たちは、(引き連れられてきた)イエスを見ると、『十字架につけろ、十字架につけろ』と叫んだ。ピラト(ローマの総督)は言った。『あなたたちが引き取って、十字架につけるがよい。わたしはこの男に罪を見いだせない』(中略)ピラトがユダヤ人たちに、『見よ、あなたたちの王だ』と言うと、彼らは叫んだ。『殺せ、殺せ。十字架につけろ』。ピラトが『あなたたちの王を十字架につけるのか』と言うと、祭司長たちは、『わたしたちには、皇帝のほかに王はありません』と答えた。

そこで、ピラトは十字架につけるために、イエスを彼らに引き渡した」

ヨハネによれば、ローマの総督はイエスを無実と認め、「ユダヤの王」と呼んだ。ユダヤ人がイエスの処刑を望んだ、とされている。どこまでが事実なのか。

四百年のタイムラグ

『バイブル』には四つの「福音書」が載っている。このうち、マタイ・マルコ・ルカの三つは一致点が多く、「共観福音書」と呼ばれている。「共観」は共通の〝梗概〟といった意味らしい。英語では「シノプシス」(synopsis=あらすじ)である。クリスチャンにとって自明なことも、異教徒には難解きわまりない。

ヨハネの「福音書」は、イエスの死後百年ほど経った紀元一世紀頃書かれた、といわれている。イエスの同時代人が書けるはずがない。ヨハネの語り伝えた話を、この頃まとめたのか。それとも、一種の伝承か。当時書かれたヨハネの「福音書」は現存しない。発見されてないだけなのか。世界最古の『バイブル』は、四世紀に書かれたらしい。いまもヴァチカンに保存されているそうである。四百年のタイムラグが、謎を生みだしたのだろう。ごくごく簡単に、この間のキリスト教史をたどってみよう。

キリスト教の教会は西暦五〇年代、ローマ市内に建てられた。ヨハネの「福音書」が書かれたとされる紀元一世紀には、キリスト教はローマ人の間にかなり普及していた。この間、キリスト教徒はたびたび弾圧された。皇帝ネロの大迫害は、高校の教科書にも載っている。六四年、ローマ市で大火事が発生した。ネロはキリスト教徒のせいにして、信者を次つぎ処刑した。前述したように、コロシアムに引き出して、猛獣と闘わせた。まるで見世物だった。

三世紀初頭、ローマ帝国は「キリスト教に改宗した者は死刑に処す」とのお触れを出している。礼拝や墓参りまで、死刑をもって禁じた。信者は「カタコンベ」をつくって対抗した。カタコンベは、「地下礼拝場」「地下埋葬場」などと訳されている。埋葬施設をそなえた秘密の教会だった。肉親の墓参りをしても処刑される。クリスチャンは地下へもぐって、埋葬と礼拝を続けた。九州・天草の隠れキリシタンを思い出させる。

三一三年、ローマ皇帝コンスタンチヌスは、キリスト教を承認した。三三〇年、首都をビサンチウムへ移し、自身の名をとってコンスタンチノープルと改名した。現在のイスタンブールである。

さらに五十年ほど経た三八〇年、皇帝テオドシウスは、キリスト教を国教に定めた。テオドシウス亡きあと、ローマ帝国は東西に分裂した。西ローマ帝国は五世紀末に滅亡した。東ローマ帝国(ビサンチン帝国)は、一四五三年まで一千年にわたって命脈を保った。

ローマ帝国の分裂にともなって、教会は二つに割れた。東西ローマ帝国の「法王」は、権力争いをくり広げた。十一世紀に、完全に分裂した。主として西ヨーロッパをテリトリーとするローマ・カトリック(ヴァチカン)と、ギリシャ、ブルガリア、ウクライナ、ロシアなど、主としてこんにちの東ヨーロッパを中心にした「正教」とに分かれる。

大まかにキリスト教の歴史をなぞった。お気づきのように、世界最古の『バイブル』が書かれたとされる時期、ローマ帝国はすでにキリスト教を承認していた。ユダヤ人＝悪、ローマ人＝善の構図はできあがっていた。

『バイブル』のこのような歴史観のもとで、ユダヤ人はヨーロッパを中心とするキリスト教文化圏で憎まれ、蔑まれた。その延長線上で企てられたのが、ナチス・ドイツによる「ユダヤ人絶滅作戦」だった。

死刑判決を受けたイエスは、いよいよ処刑されることになった。当時、エルサレムの郊外に、こんもりした丘があった。頭蓋骨(ギリシャ語でゴルゴタ)に似ているので、「ゴルゴタの丘」と名づけられた。

ゴルゴタの丘はもともと刑場だったらしい。イエスは自らが磔《はりつけ》にされる十字架を担いで、刑場へ向かった。イエスが登ったと伝えられる坂道は、いまもある。処刑後、イエスの遺体は、弟子や近親者の手で十字架から降ろされ、近くの墓地へ埋葬された。四世紀、墓のあったとされる場所に、聖墳墓教会が建てられた。キリスト教を承認したローマ皇帝、コンスタンチヌスの寄進という。聖墳墓教会はその名のとおり、イエスの墓の上に建てられたのか。確証はないものの、信者や観光客は年間を通して絶えない。

いちいち断らなかったが、歴史的事項は基本的に『バイブル』による。『バイブル』には、わたしのような異教徒には素直に信じがたい記述がいくつも目につく。マリアの処女懐胎やイエスの奇跡は前述した。「死の予言」もその一つである。イエスは自らの死を予言していた。弟子を集めて催した最後の晩餐は、あまりに有名である。晩餐のあと、捕まれば処刑されるとわかっているのに、わざわざ人目に付きやすい場所へ出向いていく。イエスはなぜ逃げなかったのだろう。異教徒のわたしは首をひねらずにいられないのだが、もし逃げていたら、キリスト教はまったく別の宗教になっていたろう。

イエスの遺体は十字架から降ろされ、母マリアや弟子など近親者によって埋葬された。それから三日後、母マリアとマグダラのマリアの、二人のマリアは偶然、墓参りに訪れた。墓石はどけられ、イエスの遺体はなかった。

マグダラのマリアは、イエスの英知に救われて処刑を免れた女性である。のちに詳述しよう。以来、彼女はイエスを信奉していた。遺体の埋葬にもたずさわった。「遺体紛失事件」はさまざまに語られている。イエスの弟子たちが持ち去ったとする〝略奪説〟。大勢の参拝人によって土地が荒らされないように、墓に隣接する農園の番人がこっそり隠したともいわれている。

キリスト教徒に言わせれば、遺体は紛失したのでなく、イエスは「復活」したのである。「復活した」イエスは、弟子たちのもとへ次つぎ現れたと、『バイブル』は説いている。真偽を問いただしてもしかたあるまい。肯定するにせよ、否定するにせよ、裏付けはない。わたしが指摘したいのは、

「全人類の罪を背負って磔にされたイエスは、予言どおりに復活した」という宗教的理念のもとで、死刑はキリスト教文化圏において長いあいだ容認されていた、という事実である。

二千年前の法手続き

マグダラのマリアのエピソードは、ヨーロッパにおける死刑と宗教（キリスト教）のかかわりを考えるうえで、きわめて示唆に富んでいる。『バイブル』はイエスの「処刑」と「復活」に立ち会った彼女に、多くのスペースを割いている。少し長くなるが、ヨハネの「福音書」をそのまま引用しよう。

「（イエスが人びとに教えを説いているところへ）律法学者たちやファリサイ派の人々が、姦通の現場で捕らえられた女を連れて来て、真ん中に立たせ、イエスに言った。『先生、この女は姦通をしているときに捕まりました。こういう女は石で打ち殺せと、モーセは律法の中で命じています。ところで、あなたはどうお考えになりますか』

イエスを試して、訴える口実を得るために、こう言ったのである。（中略）彼らがしつこく問い続けるので、イエスは身を起こして言われた。『あなたたちの中で罪を犯したことのない者が、まず、この女に石を投げなさい』そしてまた、身をかがめて地面に書き続けられた。

これを聞いた者は、年長者から始まって、一人また一人と、立ち去った」

全員立ち去って、イエスとマリアの二人だけが残る。二、三の用語に簡単な注釈を加えながら、事件を振り返ろう。

律法《トーラー》はユダヤの法律である。英語はＬＡＷ（法律）と訳しているし、煩わしい説明は、とりあえずはぶいた。律法はユダヤの法律であると同時に、ユダヤ教の教義（＝戒律）でもある。中世まで、洋の東西を問わず、法律と宗教は明確に分離していなかった。ドイツの法制史家Ｖ・アハターは、「かつて、法と宗教は同じものであった」と語っている。「律法学者」は宗教学者にして法律家。律法を制定して、裁きを下すのだから、こんにちの国会議員兼裁判官みたいなものだ。「ファリサイ派」はユダヤ教徒の一派。律法に忠実な宗派である。

ユダヤ教の戒律はきわめてきびしい。一例をあげれば、休日の行動はいっさい禁じている。休日は安息するために神が設けた日であり、「穴へ落ちた人を助けてもいかん」という。「律法があまりにきびしいので、キリスト教はユダヤ教から分離した」との説がある。

きびしい戒律にしたがって生きるユダヤ教の教徒たちが、姦通罪の現行犯でマリアを捕らえた。姦通はいまふうにいえば不倫か。戦前の日本には姦通罪があった。夫以外の男と性的関係を持った妻に適用された。夫の不倫は処罰の対象にならなかった。古代パレスチナの姦通罪について、歴史学者の弓削達はその著『ローマ帝国とキリスト教』（河出書房新社）のなかで、つぎのように指摘している。

「古代のパレスティナのユダヤの法律では、婚約した娘がその貞節を破った場合、夫は彼女に離縁状をやって追い出すことができたし、またかの女にたいする正式の訴訟を起こすことができた。不貞が立証されれば、不貞の婚約者は石打ちの死刑に処せられた」

引用はここでやめるけれども、「不貞」をはたらいた男も罰せられた。戦前の日本のように、妻の「不貞」だけが犯罪（姦通罪）になったわけではない。

キリスト教は、不倫（姦通）をことさら嫌う。

「神（創造主）は初めから、人を男と女とに造った。それゆえ、人は父母を離れて一体となる。神が結び合わせたものを、人が離してはならない。妻を離縁して他の女を妻とする者は、姦通の罪を犯すことになる」（ヨハネの「福音書」要旨）

このような教義のもとで、カトリックは離婚を禁じた。ヴァチカンがイングランド王ヘンリー八世とカサリンの離婚を認めなかったのも、そのためだった。

「穴へ落ちた者を助けてもいけない」といさめている安息日にも、イエスは布教して歩いた。律法学者にとって目障りだったろう。ヨハネに言わせれば、彼らは常づね、ローマの官憲に訴える口実を探していた。その口実がようやくみつかったのだ。彼らはマグダラのマリアをイエスの前へ連れていって、

「この女は、姦通罪を犯した。モーセの律法にしたがって、石打ちの刑に処すべきではないか?」

と、訊いた。

「あなた方のなかで罪を犯したことのない者が、まず、石を投げなさい」

と、イエスは答えた。

このひと言を聞いて、集まっていた人たちは立ち去った。最後に、イエスとマリアの二人が残った。

『バイブル』の伝えるこのエピソードに、四つの角度から目を向けよう。

一つは、刑事手続きである。二千年前、こんにちの逮捕・起訴にあたる規定ができていたのに、少なからず驚かされた。ユダヤの律法学者たちは常づね、イエスを訴える口実を探していた。彼らにと

ってイエスは、神を瀆す異教徒だった。人心をまどわす瀆神罪は、死刑にあたる。いかに重大な犯罪であろうと、証拠なしに逮捕できない。だからこそ、律法学者らは証拠探しにやっきになったのだ。そうしたとき、マグダラのマリアの〝事件〟が持ち上がる。彼らはわざわざイエスを捜し出して、マリアを連れていく。「姦通した女は石で打ち殺せ」というモーセの律法を、イエスがもし批判すれば、瀆神罪にあたる。イエスは彼らのぶつける難問を、巧みにかわした。

石打ち刑

つぎに、石打ち刑とはどんな刑罰か。もう一度、『ローマ帝国とキリスト教』を読もう。

「背教の説教者やにせ予言者は、ユダヤの法律では、石打ち刑を課せられることになっていた。石打ちとは崖からつき落とすことである」

古代ローマ時代、崖からつき落とす刑があった。ローマ近郊の「タルベーヤの崖」(現・カピトールの丘)はよく知られている。盗みを働いた奴隷や誓いを破った者は、タルベーヤの崖から突き落とされた。

また、北部パレスチナ、イエスの生地とされるナザレからガリラヤ湖のあいだに、荒涼とした丘陵地帯が広がる。その一角に「墜落の岩」の異名を持つ、ひときわ高い崖がある。この崖の上から突き落とすのも「石打ち刑」といった。罪人は岩石に頭を打ちつけながら死んでいったので、この名がついたらしい。

しかし、律法学者らがマリアを崖から突き落とそうとしたのなら、イエスは「罪のない者が石を投げよ」とは答えなかったろう。『バイブル』にみられる石打ち刑は文字どおり、罪人に小石を投げつけて死に至らしめる刑である。

だれが石を投げたのか。三つ目のクエスチョンである。

ヨハネは死刑執行人を明確にしていない。全体の文脈から、そこへ集まっている者と読みとれる。イエスの教えを受けていた者も含む。「罪のない者が石を投げよ」というイエスの答えを聞いて、彼らは次つぎ立ち去った。あとに残ったのは、イエスとマリアの二人だけだった。石打ち刑と決まれば、イエスの教えを受けていた者たちも、石を投げなければならなかったのである。

ヨーロッパ中世史の研究家として知られる阿部謹也によれば、中世までヨーロッパ各国は、死刑執行にかなり細かな〝決まり〟を設けていた（『刑吏の社会史』中央公論社）。

たとえば、アングロ・サクソンは、罪人と同性の市民八十名が石を取り、罪人の姿が隠れるまで投げなければならなかった。アイスランドでは、罪人を円錐形の石の山に閉じ込めるように投げた。投げるのは石に限らず、土塊や泥炭、何を投げてもよいケースもあった。

石打ち刑にするため、罪人を縛りつける鉄の柱は、街の一角に立っていた。ふつう、服を着たまま柱へ縛りつけた。犯罪の種類によって、全裸にされた。大勢の人たちが見つめるなかで、体がすっかり埋まるまで石を投げつけられる。その苦痛や屈辱ははかりしれない。石を投げるほうも、辛かったろう。余談めくけれども、『ほんとうは恐ろしいグリム童話』といった本がベストセラーになった。童話の世界だけでなく、実社会でも残酷きわまりない死刑がまかり通っていた。『刑吏の社会史』の

「刑吏」はいってみれば、こんにちの死刑執行官（刑務官）である。中世までヨーロッパに刑吏はいなかった。罪人は「市民」の手で処刑しなければならなかったのである。そのため、死刑に〝宗教的意味づけ〟が加えられた。

中世ヨーロッパにおける死刑と宗教（キリスト教）の結びつきを伝えるエピソードは、枚挙にいとまがない。ドイツ西北部の町ミュンスターで起きた「再洗礼派の一揆」を取り上げよう。この〝事件〟を理解するには、簡単にでも宗教改革にふれておかなければならない。

いつの時代も、権力は腐敗する。これが四つ目の視点である。宗教界も例外でない。中世ヨーロッパの教会（トップはヴァチカン）は堕落しきっていた。一、二例を挙げよう。当時、教会は有数な富を誇っていた。信者から一種の人頭税を徴収したり、広大な領地を持っていて、多額の収益を得ていた。教会で上質なワインを作っていたのは、よく知られている。

神父たちは贅《ぜい》の限りを尽くしていた。宗教上の戒律で妻帯を禁じられていた彼らは、愛人を連れ込んだ。あくことない欲望。しかし、面と向かって批判できなかった。プリースト（職業宗教家）は絶対的な存在だった。

十四世紀半ば、イギリス・オックスフォード大学教授のウィクリフは、「バイブルへ戻れ」と、教会の改革を説いた。多くが賛同した。一三八二年、ヴァチカンはウィクリフを異端者として処刑した。遺体の埋葬すら許さず、灰にしてティムズ河へ流した。

プラハ大学教授のフスは、ウィクリフの遺志を引き継いだ。大学の講義で宗教改革の必要性を説き、著作も著した。教会はフスを破門した。彼は屈しなかった。一四一二年、ヴァチカンは、「フスをプラハに居住させておくなら、市内の教会に勤める司祭や神父は全員破門する」と、市に圧力をかけた。

フスはプラハから立ち去るほかなかった。彼は地方領主のもとに身を寄せて、運動に専念した。フスの信奉者は少なくなかった。

一四一四年、フスは火あぶりの刑に処せられた。信奉者はひるまず「フス派」を結成して、ヴァチカンに対抗した。一四一九年、戦争状態に陥る。中世の教会は兵隊をかかえていた。宗教戦争はこんにちに至るまで絶えない。ヨーロッパで繰り広げられた戦争は、第二次大戦を除いてすべて宗教戦争といわれている。「フス戦争」は十五年間続いた。こうした歴史的経緯のなかで、マルチン・ルターが登場した。

のちに宗教改革家と呼ばれるルターは、ドイツの地方都市ザクセンの修道士だった。修道士（女性は修道女）は神に清貧・貞潔・服従を誓って、修行（修道）の道に就く。彼らの一部は、伝道や社会事業に従事した。多くは修道院へこもって修行した。〝おもて〟に現れない彼らを、世間は「キリスト教の隠者」と呼んだ。

ルターも、「バイブルへ戻れ」と説いた。当時の『バイブル』はラテン語で書かれていた。印刷術はまだ発達していなかった。「ヨーロッパ最初の印刷本」といわれる「グーテンベルグのバイブル」が刊行されたのは、一四五五年ころである。当時、本は超のつく貴重品だった。分厚くて大きなラテン語の『バイブル』を、教会の一角に鎖でとめておいた。鎖でつないだ『バイブル』は、いまでもヨーロッパの古い教会を訪れると、みることができる。『バイブル』は高価な上にラテン語で書かれていたので、一般庶民には読めなかった。だれでも読めるようにと、ルターは初めて自国語（ドイツ語）に翻訳した。

ルターを一躍有名にしたのは、いわゆる「九十五カ条の提言」である。九十五項目に渡って、教会の改革すべき点を挙げたのだ。日本でもよく知られている「免罪符の廃止」は、その一つだった。「免罪」は、文字どおり罪を免ずることである。カトリックでは「贖宥《しょくゆう》」「免償《めんしょう》」とも表現する。「贖宥」の「贖」は（罪を）あがなうこと。「宥」は赦すことである。「免償」の「償」も同じようにつぐなうとか、あがなうといった意味である。免罪・免償・贖宥……ニュアンスに微妙な違いはあるものの、細かなことにはこだわるまい。死刑制度を考えるうえで、罪をつぐなう、罪を赦すという意識の芽生えは重要な意味がある。もっとも、当時、ヴァチカンにはこうした発想はなかった。「免罪符」の正式名称は、「贖宥状《しょくゆうじょう》」である。「贖宥」は罪の償いを免除すること。したがって、「贖宥状」は罪の償いを免除された〝証明書〟であり、裏返して、「神の赦しを得た証し」とされた。日本では通称名の「免罪符」のほうがよく知られている。このレポートでも、「免罪符」を使う。

ヴァチカンは教会設立費、植民地へ伝道師を派遣する費用などの名目で、信者から寄付を集めていた。一五一七年、ヴァチカンの丘に聳えるサンピエトロ教会の改築にあたって、「献金による免罪」を打ち出した。一定額を献金した者に免罪符を与えるという。ルターは異議を申し立てた。

「献金による免罪は、ヴァチカンに金を払えば神の赦しを得られることになる。このような考えはおかしい。人は信仰によってのみ赦され、救われる」

と……。

しごくまっとうな意見だった。ヴァチカンは上部に対する反抗とみなして、ルターを破門した。これで〝一件落着〟となれば、のちの世まで語り伝えられることはなかったろう。市民や農民はもちろん、一部の諸侯(領主)から騎士まで、ルターに加担した。

キリスト教世界では、ヴァチカンは絶対的な存在だった。神に清貧・貞潔・服従を誓った修道士が、ヴァチカンに異議を唱えるなど従来、考えられなかった。その考えられないことが、なぜおきたのか。理由は多々あるけれども、つぎの二つは無視できない。

一つは、ルネサンスである。ルネサンスは十三～十五世紀末にかけて、ヴァチカンの膝元であるイタリアで始まり、全ヨーロッパへ波及した、芸術や思想の革新運動である。この運動を通して人びとは、神を中心とする中世的な世界から、人間を中心とする近世へと脱皮していく。その過程で彼らは「個」に目覚め、権威(ヴァチカン)にとらわれないようになった。ルネサンスは、古典(ギリシャ・ローマ時代の芸術)の復興をめざした。原点に戻れ!　その声は、「バイブルへ戻れ」へと広がっていった。ルネサンスがなければ、宗教改革はなかった。

もう一つは、教会の腐敗である。贅沢ざんまいに明け暮れ、堕落したプリーストの姿は目に余った。あげくに免罪符を発行して金を集める。ヴァチカンを批判したルターに、多くが賛同した。

ルターの支持者たちは、ヴァチカンをもおそれなかった。神聖ローマ帝国の皇帝(当時、カール五世)や、カトリックの諸侯らとも交渉して、改革をすすめていく。時を同じくして、ヨーロッパの各地で宗教改革の気運が盛り上がった。フランス人の宗教改革家カルヴァン、スイスの司祭でやはり改革につとめたツウィングリなど、いまに名をとどめる人たちがあいついで登場した。彼らは「プロテスタント」(protestant＝英語・ドイツ語ともに同じ綴り)と呼ばれた。直訳すれば、「抗議する人」である。

ルター以後、カトリックに対するプロテスタントの宗派が次つぎ誕生した。その一つに「再洗礼派」がある。

カトリックの信者はいまでも、子どもが生まれるとまもなく洗礼を受けさせる。教区の教会へ子どもを連れていって、司祭に〝聖水〟で清めてもらう。母親がベッドに伏しているばあい、代理母(あるいは、代理〈父母〉に連れていってもらう。実の母親に抱かれて行こうと、当の子どもにしてみれば、自分の知らないあいだに信者にされたことになる。

「成長して、信仰を自覚できるようになってから、再び洗礼を受けるべきだ。赤ん坊のときと違って、自分の意志で洗礼を受けるほうが宗教的理念にかなっている」

と、彼らは主張した。

ルターの影響を受けてうまれた再洗礼派は、ただ一つ、『バイブル』を信仰と生活の規範にした。「バイブルへ戻れ！」である。「教義に反する」とヴァチカンは認めなかった。彼らは武器を持って立ち上がった。

緑の森と死刑

ドイツの西北部に、ミュンスターという古い町がある。日本からダイレクトに行こうとすれば、いったんフランクフルトへ飛んで、フランクフルトから国内便で一時間足らず。時間があれば、列車の旅をおすすめする。列車はライン川に沿って走る。特急でおよそ二時間、ボンのあたりからルール地方へ入る。日本の中学や高校はいまでも、「ルールは工業地帯」と教えているのだろうか。「工業地帯」と聞けば、コンクリートとモルタルの建築物に煙突の林立する風景を、思い浮かべる方が多いだろう。たとえば、京浜工業地帯である。電車に乗って五分も車窓を眺めていれば退屈する。ルール地方はまったく異なる。ご存じのように、ボンはベートーベンの出身地として知られる古い大学町である。戦後、首都としての機能をはたした。

ボンから特急で約二十分、前方に聳える大きなカテドラルが、いやでも目につく。ガイドブックによれば、高さ百五十七メートル。霞ヶ関ビルより高い。まわりに高層建築物はいっさいないだけに、天にとどくかのようである。この塔は、ルールの玄関、ケルンのシンボルである。ケルン駅は「玄関」の名にふさわしく、お隣のオランダやベルギーとドイツを結ぶ国際列車が発着している。

列車が市街地を離れると、車窓はたちまち緑一色に覆われる。日本でもおなじみの「ロマンチック街道」に、優るとも劣らない風景が広がる。

フランクフルトを基点にすると、ロマンチック街道は逆方向にあたる。フランクフルト〜ハイデルベルグの数十キロ間は、「オーデンの森」と呼ばれる森林地帯である。ドイツはヨーロッパの森といわれているように、どこへ行っても樹木が多い。ロマンチック街道は、ハイデルベルグからネッカー川、ついで、ヤークス川沿いにのびている。川を行き来する遊覧船から、あちこちに点在する古城が見える。

ライン河畔をすすみながら、ここはほんとに工業地帯なのか、誤って別の列車に乗ったのではないか、と何度疑ったかわからない。

ドイツに限らず、ヨーロッパは驚くほど緑にあふれている。いささか余談めくのを承知で、車窓の風景に多くのスペースを費やした。中世ヨーロッパの死刑制度とかかわっているからである。当時、許可なく森の樹を伐ったり、樹木の皮を剝いだ者は、その樹に縛りつけられて腹を割かれ、引き出された腸は樹木の傷にあてがわれた。樹を傷つけた者は、自らの身体で樹を〝補修〟しなければならなかったのである。人の生命は樹より軽かったのか。それとも、樹は人の生命より大切にされたのか。いずれにせよ、車窓を埋めつくす風景にも、死刑の歴史が重なっている。

さて、マルチン・ルターがヴァチカンを公然と批判して以来、ドイツはじめヨーロッパの各地に再洗礼派はうまれた。ひと口に再洗礼派といっても、決して一様ではない。ミュンスターの再洗礼派は戦闘的だった。教会（ヴァチカン）と暴力的に対抗した。のちに、「ミュンスターの一揆」と呼ばれた。再洗礼派と直接関係のない単なる暴動との説もある。

古くから一部のキリスト教徒は「千年王国」を信じていた。「千年王国」とは、ユダヤ教の影響を強く受けた一種の終末思想である。一部の宗派は、「千年王国」はまもなく出現すると、原始共産的な生活をめざした。彼らが暴徒化したというのである。

教会側は軍隊（司祭軍）をくり出して、鎮圧しようとした。再洗礼派も負けてはいない。ミュンスターの町は、一五三四年からほぼ一年間、戦争状態に陥った。再洗礼派は敗れ、ライデンら生き残った首謀者は捕らえられた。教会側は三名の首謀者を処刑し、死体は鉄製のカゴに入れて、町の中央に聳えるランベルティ教会の尖塔（カテドラルの先端）へ吊るした。死体は鳥のついばむにまかせた。以来四百五十年余り経ついまなお、ランベルティ教会は当時の姿をとどめている。目をこらすと、塔の先端に首謀者の死体を入れた鉄カゴが見える。

ランベルティ教会の鉄カゴは、中世の死刑を現代に伝える一つの例にすぎない。処刑の〝跡〟はいまもあちこちに残っている。

近世以前は少し見方を変えると、市民が死刑執行にかかわった時代であった。石打ち刑と決まれば、市民は石を取って罪人に投げつけなければならない。『バイブル』の伝えるマグダラのマリアのエピソードと同じである。絞首刑なら、罪人の首にかけた縄を引かなければならなかった。市民は死刑執行に直接かかわったからこそ、処刑は〝神聖な儀式〟とされた。阿部は前掲書で続ける。

「投石そのものに呪術的な力があるといわれていた。石を投げることによって犯人とのあらゆる生活共同体を切断し、犯人を力ずくで追い出す。こうして神の怒りを免れ、汚れない生活を維持できると（人びとは）考えた」

「絞首は処罰や報復のために行われるのでなく、盗みという共同体とその世界にとって傷となる行為によってけがされた神性への償いとして神に捧げられる供物として行われた」

阿部は多くの事例を挙げて、「このようなことが可能となるためには、皆が供養・呪術を信じていなければならない。（中略、そこには）祭祀共同体が強固に存在していた」と指摘している。

「刑罰は神聖な儀式である」と古くから考えられていた。紀元一世紀、ローマの歴史家タキトゥスは、その著『ゲルマーニア』（田中秀央・泉井久之助訳）で、「人を死刑、投獄、あるいは笞刑に処する権限さえ、ただ司祭にのみ許され、あたかもそれは処罰として行うものでも、大将の命によって行うものでもなく、彼らの神の命によって行われているかのようである」（要旨）と記している。

タキトゥスのいう「司祭」は、文字どおり「祭」を司る者であって、キリスト教（カトリック）のそれではない。キリスト教は紀元後二～三世紀ころ、職制を設けた。ユダヤ教の「祭司」にまねて、「司教」の下に「司祭」をおいた。タキトゥスの生きていたころ、キリスト教の司祭は、まだいなかった。

ヨーロッパの国ぐにには、十二～三世紀ころの裁判や刑罰の記録を、いまも保存している。いつ、どこで、だれが、どのように処刑されたか、こんにちに伝えている。ヨーロッパの首都にはたいてい、国立公文書館がある。ロンドン、パリ、ローマなど観光地としてもおなじみの街を訪ねる機会があったら、ぜひ足を運んでいただきたい。あの巨大な建物を眺めるだけで、記録の保存にどれほどぼう大な予算と人手を費やしているか、肌で理解していただけるだろう。記録の保存は、刑罰のあり方を考えるうえで役に立つ。

魔女裁判

中世ヨーロッパの宗教と死刑といえば、だれもが「魔女裁判」を思い浮かべるだろう。「魔女狩り」「異端審問」と言い換えても同じである。それは、中世のヨーロッパに噴出した宗教ヒステリーだった。「異端審問」の「異端」は、「正統でないもの」である。十二、三世紀ころから、ヴァチカンはキリスト教の教義に反する者を「異端者」とみなした。彼らはホウキに乗って空を飛ぶなど、常識で考えられない行動をするとして、「魔女」と呼ばれた。魔女といっても、女に限らない。男の魔女もいた。各地の教会にヴァチカン直属の異端審問所がつくられ、ヴァチカンから派遣(あるいは、任命)された異端審問官が常駐。「異端者」をチェックした。たとえば、こんな具合である。

「隣に住む主婦のA子さんは、時どき、おかしな言葉を口走るんですよ。きっと魔女に違いありません」

こうした訴えが教会へ寄せられると、A子は捕らえられ、審問にふされた。

教会は「異端者」を摘発するために密告を奨励した。ふだんから仲の悪い隣人を、召し使いが人使いの荒い主人を指さして、「あの人は魔女だ」と密告した。「魔女」の根拠などあるはずがないし、証拠は問われなかった。

異端審問所へ引き出されたA子に、審問官は「お前は魔女か」と訊く。「はい」と答えれば、魔女として処刑された。否認すれば、拷問が待ちかまえていた。拷問の技術は、異端審問によって飛躍的に発達した。数かずの残虐きわまりない拷問が試みられた。A子は「針刺し」に処せられたとしよう。彼女は全裸にされ、毛髪から陰毛まで、すべての体毛を剃られ、細く先の尖った針で体中をくまなく刺された。最初のうち、彼女は身をよじって苦痛を訴えるに違いない。感覚はいつしか麻痺し、疲労感にとらわれる。悲鳴もあげられなくなると、審問官は「魔女」とみなした。「魔女は妖術によって自分の体を無感覚にできる」と、信じられていたからである。

だれかに密告されると、魔女として処刑される。他人はうかつに信用できない。疑心暗鬼。たちまちパニック状態に陥った。それでもヴァチカンは〝魔女狩り〟をやめなかった。十五世紀には、異端審問のための〝マニュアル〟がいくつもつくられている。その一つ、『魔女の槌』は二人の異端審問官が執筆した。著書の一人、ヤーコプ・シュプレンゲルは、ドミニコ会（カトリックの宗派の一つ）のプリーストで、ドイツ・ケルン大学の神学部長だった。名のある神学者までが魔女狩りの片棒をかついでいる。同書は審問の方法を入念に指示している。

「役人が裁判の準備をしている間に被告を裸にせよ。もし被告が女であれば監房に連れ行き、正直で立派な婦人の手で裸にせよ。妖術に用いる道具を被告が着衣の中に縫いこんでいるかもしれないからである。（中略、被告は信仰厚い人たちの説得によっても）自白しそうになければ、被告を綱で縛り拷問にかけるよう役人に命じよ」（森島恒雄著『魔女狩り』中央公論社）

「針刺し」は、〝公式〟には拷問ではなかった。「指締め」といって手や足の親指をペンチで締め上げたり、ムチで打っても、拷問とみなされなかった。そのあげく自白へ追い込まれても、裁判上は「拷問によらず自白」と記録された。拷問はもっと過酷だった。死に至ることもめずらしくなかった。「鉄の処女」は拷問具としてもっとも有名である。人一人立ったまま入れる鉄製の箱で、フタの裏に鋭く尖った太い針が何本となくついている。フタを閉じれば、体中を突き刺して確実に死ぬ。この箱の内へ被告人を入れて、

「お前は魔女か？　正直に答えなければ、フタを閉めるぞ」

と、訊く。殴る蹴るの拷問より、よほど〝効果〟があった。

イギリスは、法律で拷問を禁止していた。イギリスは早くも一二一五年、権利憲章（マグナ・カルタ）を制定している。この国では、魔女はどのように裁かれたのだろう。十七世紀のつぎのような裁判記録が残っている。

ある被告人は、異端審問の法廷に連れ出された。「魔女と認めるか」と問われて、首を横に振った。自白を拒んだのだ。彼は陽の当たらない監房へ連れていかれ、素っ裸にされた。陰部を覆う布切れ以外、いっさい身につけることは許されなかった。地べたの上に仰向けに寝かされ、両手両足はロープで固定された。体の上に耐えられる限りの鉄と石のオモシを載せられた。これでも、「法律上、拷問にあたらない」とされた。どこかの国の、憲法と司法の〝関係〟を思い出さないだろうか。

日本の憲法は、拷問はむろんのこと、自白の強制・強要すら禁止している。第三十八条第一項は「何人も、自己に不利益な供述を強要されない」と規定している。この権利規定は、まるで絵に描いたモチである。ある被疑者は警察で二十時間、一睡もさせられずに取り調べられた。わたしに言わせれば拷問である。しかし、最高裁は自白の強要にあたらないと判断した。いかに優れた法律があっても、〝運用〟を誤ると何の役にも立たない。

いったん「魔女」と名指しされた者は、決して助からなかった。拷問を法で禁じたイギリスでも同じだった。自白を拒否すると、手足を縛られて死ぬまで牢獄に収容しておくのである。こうしてヨーロッパ全体で三百万とも九百万ともいわれる人たちが、「魔女」として処刑された。

ルネサンス、宗教改革がすすめられるなかで、なぜ、これほどの狂気が吹き荒れたのか。その解釈と分析は他にまかせよう。死刑制度の問題としてとらえ返すとき、ヨーロッパではかつての不幸な経験を、反面教師にしているのに気づく。魔女は空想の産物である。客観的、科学的に証明しようがない。それゆえ、自白が重視された。「本人が魔女と認めたのだから、魔女に間違いない」と……。

常識的に考えてみよう。自分に不利なことはだれもが否定しようとする。認めれば刑罰を科せられる……死刑に処せられるとなればなおさらである。人権感覚、人権意識の低かった時代、取り調べる側は暴力をもちいても、非を認めさせようとした。必然的に拷問による取り調べが横行した。現代ヨーロッパやアメリカにおける刑事手続きは、当時の反省のうえに生まれたのではないか。

王権と教権

魔女の多くは、火あぶりの刑に処せられた。一度に何十人も処刑できるからである。ときに、「車引きの刑」が試みられた。二台から四台の荷馬車に、魔女の手足を縛りつけ、馬車をそれぞれ逆方向へ走らせる。手足はちぎれてバラバラになる。近世まで、刑罰とは見せしめだった。残虐であればあるほど、再犯防止に役立つと考えられた。凄惨極まりない拷問や処刑が次つぎ考案された。『バイブル』は「殺し」をいさめている。「もし左の頰を打たれたら、右の頰を向けよ」と説いている。権力欲にかられたヴァチカンは、『バイブル』に従おうとしなかった。フランスの法律学者、ジャン・アンベールによれば、ローマ法王は、

「大逆罪の犯人が死刑となるならば、キリストを傷つける者の頭は、切り落とされなければならない。永遠の主を傷つけることは、世俗の主人を傷つけるよりも重大である」

と、死刑を肯定した。ローマ法王の言葉は、「法王令」としてこんにちまで伝えられている(ジャン・アンベール著『死刑制度の歴史』吉原達也・波多野敏共訳、みすず書房)。

「大逆罪」の原文は何だろう。日本では、天皇一族に危害を加えるか、加えようとした者に科せら

れる「罪」である。大逆罪は奈良の昔から死刑と決まっていた。実際に危害を加えなくとも、天皇一族の暗殺を計画しただけで、死刑に処せられた。

明治末期(一九〇七年)、刑法の全面改正で、大逆罪は「皇室に対する罪」と改称されたものの、一般には、大逆罪で通っていた。もっとも著名な大逆事件は、刑法改正直後の一九一〇年に起きた。社会主義者の幸徳秋水や管野スガら二十数名は、天皇暗殺を企てたとして捕らえられた。彼らのうち十二名は、判決の出た直後に処刑された。「皇室に対する罪」は戦後、刑法から削除された。

アンベールはつぎのようなエピソードも伝えている。フランスのある司祭はナイフを手に、

「ここに王の首をはねるような、立派な人間がいるぞ」

と、つぶやいた。

これが王の耳に入って、司祭は処刑された。

王権と教権……それはいったいだれが持っているのか。

王権の所有者は、王である。皇帝・君主などと言い換えても同じである。教権はヴァチカンの最高位者たる「法王」、ならびに、各地(各国)の大司教が握っていた。

近世に至るまで、王権と教権は併存していた。どちらが上か?……なかなか難問だが、「王権神授説」(王権は神から授けられた)があるように、タテマエとしては教権のほうが上に置かれていた。前述したように、キリスト教国の君主国では、国王(女王)の戴冠式はいまでも、その国でもっとも偉い(?)大司教が執りおこなっている。しかし、現実には、いまもみたように王権のほうが上にある。

ヨーロッパの死刑のシステムを理解するには、王権と教権を頭に入れておかなければならない。

宗教上の権力という概念は、日本はもとよりアジアではあまりなじみがない。歴史的にみて、王権と教権が真正面からぶつかり合ったことは、ほとんどないからだろう。イエスの生きていた時代、パレスチナ地方はローマ帝国の支配下にあって、人びとは王権と教権の〝関係〟に神経をとがらせた。『バイブル』は、興味深いエピソードを伝えている。布教活動をしているイエスのところへ、ユダヤ教の熱心な信者がやって来て、

「ローマ皇帝に税金を払うのは、律法にかなっているか」

と、訊いた。

律法や皇帝を批判すれば、捕らえる口実になる。彼らはイエスをおとしめようとして、しばしば難問・奇問をぶつけた。イエスは巧みに答える。こんな言い方をすると、信者にお叱りを受けるかもしれないけれども、彼らの会話を綴った『バイブル』は、宗教の枠組みを超えた面白さがある。『バイブル』は欧米人の理論(理屈?)好き、話し好きの〝源〟ではないかとさえ思える。

冗談はともかく、イエスは彼らにコインを持ってこさせた。コインには人物像と名前が彫られている。それを示しながら、逆に訊いた。

「これは、だれの肖像と銘か」

「皇帝のものです」

「皇帝のものは皇帝に、神のものは神に返しなさい」

と、イエスは答えた。

当時、パレスチナはローマの支配下におかれていた。ユダヤ人は異国の地に住み、キリスト教は異

教だった。国家と宗教の関係は、ゆがんだものにならざるをえない。四世紀、ローマ帝国はキリスト教を国教に定めた。さらに数百年、ヴァチカンの丘に法王庁が設置されるころ、国家と教会の〝力関係〟は変化する。教権の発達は、良い意味でも悪い意味でも、ヨーロッパの死刑制度に大きな影響を与えた。

ヴァチカンが強大な権力を持たなければ、「魔女裁判」は開かれなかった。巨大化した権力はつねに、異端を排斥しようとする。いつの時代も、どこの国でも同じである。ヨーロッパでは、腐敗した権力を反面教師に、宗教改革に取り組んだ。ゆがんだ権力機構をただそうとした。日々、残酷な死刑が繰り広げられるなかで、一部の宗派は死刑廃止を唱えた。

中世の日本は、世界のどこの国よりすすんでいた。約三百五十年に渡って、死刑を廃止していたのである。その経緯も、次章であわせて追うことにしよう。

第四章　中世に発達した死刑廃止の思想

優れた思想家の登場

中世は死刑の時代だった。魔女裁判にみられるように、残酷極まりない処刑がヨーロッパ各地で、毎日のようにおこなわれていた。このような時代のなかで、キリスト教の一部の宗派は、早くも十二世紀末に死刑廃止論を打ち出していた。フランスの法律学者、ジャン・アンベールは前掲『死刑制度の歴史』で、彼らの声を伝えている。

「殺人は、たとえ法にかなったものであっても、絶対に禁じられなければならない。神はシナイの閃光の中で『殺してはならない』と重大な戒律を定めた。キリストもまた『殺してはならない……剣をとる者はみな剣によって滅びる』とくり返している」(要旨)

「シナイ」は、スエズ湾とアカバ湾の間によこたわるシナイ半島である。ユダヤの民族的指導者であり、イエスの母マリアの祖と伝えられるモーセは、エジプトに幽閉されていた同胞を引き連れて、シナイ半島まで逃れてきたとき、十にわたる神の啓示(十戒)を受けた。その一つは、「汝、殺すなかれ」だった。『バイブル』も「殺し」をいさめている。「もし左の頰を打たれたら、右の頰を向けよ」と説いている。にもかかわらず、ヴァチカンは異端排斥を理由に死刑を続けてきた。「バイブルへ戻れ」の声の高まりとともに異端審問は終息し、死刑制度は見直される。日本は逆で、十二世紀半ば、死刑は復活する。九世紀から三百四十七年にわたって、死刑を廃止していた。のちに詳述するとして、三百五十年もの長い間、死刑を廃止していた国は他にない。その限りでは、歴史的意義は大きい。しかし、現代との直接的なつながりはない。言ってしまえば、過去の一つのできごとでしかない。そこにヨーロッパとの根本的な違いがある。

ヨーロッパの死刑制度は、十七世紀末から十八世紀にかけて大きく変化する。死刑の適用範囲は狭められ、車引き、石打ちなど残虐な死刑はみなおされた。フランスでは、死刑囚の社会復帰がはかれるようになった。結婚を望む娘が現れたばあい、死刑囚は釈放された。カトリックは教義で、離婚を禁じている。フランス人は「結婚は死よりもきびしい刑罰」と受けとめていたのだろうか。

こうした制度が現代の日本にあったら、何人もの死刑囚が執行をまぬがれた。獄中結婚した死刑囚は少なくない。その理由をきちんと述べようとすれば、獄中処遇や宗教の問題にもふれなければならない。獄中処遇はともかく、宗教とどんなかかわりがあるのか、首を傾げる読者が多いだろう。別の箇所で考えることにしよう。

近世ヨーロッパにおいて、死刑を含む刑罰のあり方に決定的な影響を与えたのは、イタリアの思想家チェーザレ・ベッカリーアだった。ベッカリーアの説いたヒューマニズムの精神は、フランス革命を経て、ヨーロッパに新しい刑罰観を開花させた。それとともに、死刑廃止を求める声は急速に高まっていく。彼はその著『犯罪と刑罰』(風早八十二・風早二葉共訳、岩波文庫)をこう書き出している。

「社会の利益はそのすべての成員に平等にわかたれなければならない。(中略)それなのに、じっさいの人間の社会においては、あらゆる権力と幸福は特権階級的な少数者の上に、あらゆる弱さとみじめさを残る大多数の上に、集める傾向がつねにある」

順序は逆かもしれないけれども、さきに訳者を紹介しよう。

風早八十二《かざはやそじ》は、一八九九年生まれの法律学者にして弁護士。戦前、治安維持法を批判して、たびたび投獄された。治安維持法とは、天皇を統治者とする国家体制に異を唱える者を取り締まる法律である。最高刑は死刑。一九二五年五月施行、戦後、一九四五年十月に廃止されるまでの約二十年間に、六万八千四百三十五人検挙された。この数字をみれば、治安維持法はいかに猛威を奮ったか、想像していただけよう。

戦後、風早は砂川事件や松川事件の弁護人をつとめた。砂川事件は、東京・砂川町で米軍基地拡張に反対する労働者や学生が、大量に逮捕された事件。松川事件は、戦後間もなく、東北本線の松川駅近くで起きた列車転覆事件である。無実の者が捕らえられ、裁判で一度は死刑の判決を受けた。いまだに「戦後最大の冤罪事件」といわれている。

これらの事件を手がけた訳者の経歴から、『犯罪と刑罰』のおおまかな内容は読み取っていただけるだろう。同書の岩波文庫版は、一九三八年に出版された。六十年余り経ついまなお、書店の棚に並んでいる。超ロングセラー・ブックである。『犯罪と刑罰』をもう少し読もう。

「……人間の社会においては、あらゆる権力と幸福は特権階級的な少数者の上に、あらゆる弱さとみじめさを残る大多数の上に、集める傾向がつねにある。

このような傾向は、すぐれた法律によってだけおさえることができる。だのに人間はふつう、もっとも大切なことがらを規定するほねおりをおしんで、これをいいかげんに時の解決にゆだね、あるいは最良の法律にそむくことに利益をもつような一部の人の思いのままにさせている」

ベッカリーアはきわめてやさしい口調でわかりやすく、〈法による社会改革〉を説いた。「優れた法律は、社会のゆがみを抑制できる」と続ける。

「法律の勝手な解釈が悪いことである以上、法律のあいまいさについても同じことがいえよう。なぜならそのばあい、法律は解釈される必要を生ずるからだ。（中略）法律の条文が大衆にわからない死語で書かれていて、神がかった御託宣のようにぎょうぎょうしくしまいこまれていたのでは、それは一種の家内問答集でしかなくなってしまう。そして、国民はじぶんの財産と自由に関して、とるべき態度をみずから判断することができなくなり、このために法律を解釈することのできる少数の者の従属の下におかれなければならなくなる」

『犯罪と刑罰』の初版は、一七六〇年代に出版された。当初、著者名はむろん、印刷所や発行所名まで秘密にされた。万一発覚すれば、首が飛びかねなかったからである。それにもかかわらず、ヨーロッパで広く読まれた。

ベッカリーアはイタリア人であり、同書はイタリア語で書かれた。またたくまに各国語に翻訳された。フランスでよく読まれ、フランス革命の〝導火線〟の役割をはたした。それだけでなく、フランスはもとより、ヨーロッパにおける刑罰のあり方を問いなおさせ、近代刑法の思想的基盤を築いた。『犯罪と刑罰』の歴史的意義は、日本と対比しながらとらえ返したほうがわかりやすい。

同書が出版されたころ、日本はまだ江戸時代だった。当時、日本は事実上、犯罪や刑罰を法で規定していなかった。罪人をいかなる刑に処すか、奉行所は『御定書百箇条』を参考に決めた。『御定書百箇条』とはいわば判例集である。過去に下した〝判決〟を書き留めたもので、法令集の類ではない。『御定書百箇条』は公開されていなかったので、どんな刑罰を科せられるのか、判決が出るまでわからなかった。

死罪（死刑）に該当する重大事件に限って、町奉行や大目付、老中などの役人が評定所へ集まって協議の上、罪（現在の「刑」）を決めた。念のためにつけ加えておくけれども、明治以前、「被疑者」「被告人」という概念はまだ生まれてなかった。逮捕された時点で罪人とみなされた。評定所へ集まる役人は武士ばかりだった。彼らは〝仲間〟にやさしかった。同種の犯罪を企てても、武士は流刑。農工商民は死刑に処せられることもめずらしくなかった。

ヨーロッパでは、公開の法廷で審理され、まがりなりにも陪審員の評決にもとづいて、判決を下した。陪審制については後述するけれども、魔女裁判でみたように、死にいたる拷問がまかり通っていたし、王権や教権の恣意が働いた。

ベッカリーアは王権や教権を否定したうえで、刑罰論を説いた。だからこそ、匿名でしか出版できなかったのである。ベッカリーアの考えを①〜⑧の八つにまとめておこう。詳しくは、『犯罪と刑罰』を参照されたい。

①いかなる行為が犯罪にあたるのか。そして、その犯罪に対してどのような刑罰を科すか、あらかじめ法律で定めておかなければならない。

②施政者は、刑罰とは何かを法律で定める権限を持つ。しかし、その行為が犯罪にあたるかどうか判断できるのは裁判官だけである。

③定められた刑罰は、だれにも平等に科せられなければならない。身分によって変えられてはならない。

④刑罰を科せられる行為は、できるだけ少なく定めたほうがよい。犯罪の領域を広げ、不必要な刑罰を加えるのは、社会を悪くする。

⑤犯罪と刑罰のあいだには、均衡が保たれなければならない。たとえば、一羽のキジを殺した者、一人の人間を殺した者、さらに、紙幣を偽造した者も死刑に処せられるとしたら、これらの犯罪は何ら違わないことになり、正義は失われる。

⑥同じ理由で、未遂と既遂、共犯と従犯は刑罰に軽重をつけなければならない。

⑦刑罰は「みせしめ」であるから、苦痛はなるべく少なくしなければならない。残虐な刑罰はどんなばあいも不必要、有害である。

⑧死刑は有害無益である。廃止されなければならない。

キリスト教をアンチテーゼとして

①の刑罰をあらかじめ法律で定めておくことを、法律用語で「罪刑法定主義」という。日本は明治に入って、罪刑法定主義を採り入れた。文明開化。ヨーロッパにならって、法体系を整えた。明治憲法(第二十二条)は、

「日本臣民ハ法律ニ依《よ》ルニ非《あら》ズ《ず》シテ、逮捕、監禁、審問、処罰ヲ受クルコトナシ」

と規定している(ルビと句読点は引用者)。

この規定はほとんど役立たなかった。「こいつは怪しい」とみなせば、警察官はいつでも、だれでも、しょっぴけた。周辺の法律は〝整備〟されておらず、なによりも、人権意識、人権感覚に欠けていた。

②は司法と立法の分離を説いている。法を制定した者は、裁いてはならない。立法者と裁く者をわける。立法と司法の分離は民主主義の出発点である。③にみられるように、身分によって刑罰を科せられたり科せられなかったりするのは、あきらかに差別である。当時、差別はまかり通っていた。ベッカリーアの生きていた近世のヨーロッパでは、王侯貴族や一部のプリースト(風早訳では「僧侶」。風早に限らず、ヨーロッパの評論や小説、随筆などに登場する神父や牧師などの〝職業宗教家〟を、しばしば「僧」「僧侶」と訳している。違和感を拭えないので、このレポートでは「プリースト」と呼ぶ)は、特別扱いされた。

④はそれぞれ考えていただくことにしよう。この問題を突き詰めていくと、刑罰とは何か、にゆきあたる。いったい、刑罰とは何か？……。⑤は中世ヨーロッパの実例。ある男は王の飼っていたキジを殺して処刑された。日本でも、綱吉将軍は「生類憐れみの令」を制定した。動物に憐れみをかけるあまり、人間に危害を加えるのら犬を殺しても、首を斬られたり、島流しにされた。⑦の刑罰のあり方について、ベッカリーアはこう指摘する。

「刑罰はその目的として、犯人が以後社会に侵害を加えないこと、又犯人の周囲の者を罪の道から遠ざけること……これだけをめざしているにすぎない。

だから、いろいろな刑罰の中から、また犯罪に応じてそれらの刑罰を適用するやり方の中から、民衆の精神にもっとも強く作用し、もっとも長つづきのする印象を与え、しかも同時に罪人のからだに対してはできるだけざんこくでない作用をおよぼすような方法をえらばなければならない」

「刑罰が残こくになればなるだけ、……いわば法律の残忍さにしたがって……人間の魂はかたくなになる。(中略)刑罰が残ぎゃくであればあるだけ、犯人は刑罰をのがれようとする。多くの犯罪はまさに、はじめの刑をのがれようとしてかさねられたものなのだ」

ベッカリーアは⑧の死刑について、多くのスペースを費やしている。さまざまな角度から語っている。その中心的なテーマは「社会契約説」である。

社会契約説とは、ひと言でいえば、人間社会は放置しておくと無政府状態に陥る。そこで、自由で平等な個人がそれぞれ主体的に社会契約を結んで、市民社会をつくっていこうとする考え方である。近世の哲学者であり思想家であった、フランスのルソー、イギリスのホッブズやロック、オランダのグロチウスらが社会契約説を唱えた。それぞれの考えに多少の違いはあるものの、従来の神格化された国家成立説を否定し、市民革命への理論的支柱となった。

社会契約説は、いかにもキリスト教文化圏の発想である。キリスト教は性悪説に立っている。民は迷える小羊であり、人間社会は放置しておくと無政府状態に陥るとして、強力なリーダー(一つの神)を求めた。ユダヤ教、イスラム教も一神教だが、各文化圏の発展形態が異なるので、単純に比較できない。ヨーロッパでは市民意識がめばえてから、社会を一つにまとめるものとして、社会契約説がでてきた。

ベッカリーアによれば刑罰とは、各個人が社会契約を結ぶにあたって、「割り前」として供託した自由の一部を、社会(国家)の手で奪うことである。牢へ拘禁するなど自由の一部を奪うことであり、すべてを奪うことではない。「このような原理(社会契約説から導き出された刑罰原理)と、自殺を禁じているいましめとをどうやって調和させるというのか？　人間がみずからを殺す権利がないのなら、その権利を他人に……たとえそれが社会にであったとしても……ゆずり渡すことはできないはずだ」

キリスト教は自殺を禁じている。自らを殺す権利はないのに、どうして他人を殺す権利があるのか。社会契約説にもとづく刑罰観は、キリストの教えとも合致する。それを確認したうえで、ベッカリーアは、

「死刑はいかなる『権利』にももとづかないものである。死刑とは一人の国民に対して国家が、彼を滅ぼすことを必要あるいは有用と判断したときに布告する宣戦である」

と説いている。

フランス革命のうねり

七月十四日はフランスの革命記念日である。日本でもコマーシャリズムと結びついて、さまざまな催しが開かれる。

フランス革命の歴史は二百年あまりさかのぼる。一七八九年七月十四日、パリの民衆はセーヌ河岸のバスチーユ監獄を襲撃した。監獄長のド・ローネを血祭りにあげるとともに、囚人たちを解放した。ここにフランス革命の口火は切って落とされた。〝監獄解体〟で燃え上がった革命の火の手はルイ王朝を倒し、やがて、「フランス人民の皇帝」として、ナポレオンを迎える。そのナポレオンも失脚、一八一五年、セント・ヘレナ島へ幽閉される。この間およそ二十五年に及ぶが、わたしたちはただ一点、フランスの民衆はなぜ監獄解体をめざしたのか、確認したい。

河野健二・樋口謹一共著『フランス革命』(河出書房新社)は、この疑問に端的に答えている。当時のフランス人民にとってバスチーユの監獄は、専制主義と封建制のシンボルだった。なぜなら、国王は一般の法律によらないで、勝手に逮捕状(勅命逮捕状)を発行できた。バスチーユの監獄には国王の発行した勅命逮捕状によって捕らえられた人たち——王制や封建制を批判した思想家や作家、ジャーナリスト、日本でも著名なボルテール、モルレ、ランゲなど——が数多く拘禁されていた。

ベッカリーアは『犯罪と刑罰』で、王権や教権の恣意による刑罰を激しく批判した。これに応えて、市民は立ち上がった。監獄の解体は市民革命であった。フランスは市民革命を経て、刑罰のあり方を全面的に問いなおし、刑事手続きを重視した。「手続きも法で定めておくべきだ」と、刑事訴訟法がうまれた。「法律に解釈の余地を与えてはならない」と、ベッカリーアはいう。あいまいな法律は恣意的な解釈を可能にするからである。そこで、刑罰規定は細かく定められた。たとえば、殺人罪にかかわる規定だけで何十条にもおよぶ。

日本はフランスの対極にある。二十一世紀に突入したいまなお、刑法は殺人罪を、「人を殺した者は、死刑又は無期若しくは三年以上の懲役に処する」（第百九十九条）と、規定しているだけである。

いかなる行為が殺人罪にあたるのか、刑法はいっさい明確にしていない。つぎのようなケースを想像していただきたい。

駅のプラットホームにいた若い女性が、電車の入る寸前、線路へ飛び下りた。電車の運転手はあわててブレーキを踏んだ。間に合わなかった。彼女は最初から死ぬつもりだったらしく、バッグに遺書が入っていた。彼女は自殺したのだが、刑法第百九十九条を字句どおり読むなら、運転手は殺人罪を犯したことになる。

もちろん、運転手は殺人罪で処罰されることはない。しかし、なぜなのだろう。正確に答えようとすれば、一冊の本が書ける。フランスでは刑罰の見直し作業をすすめるなかで当然のように、「死刑は廃止すべきだ」との声があがった。議論の末、時期尚早と退けられた。革命のさなかだった。旧来の権力者を許せなかったのである。一七九三年一月、ルイ十六世処刑。その直後からいわゆる恐怖政治がはじまり、およそ十カ月間に二千六百人が処刑された。新しい死刑執行具のギロチンは、〝大量殺人〟を可能にした。

宗教（キリスト教）も〝粛清〟の対象になった。王権と教権は支えあって人民を支配してきたからである。多くの教会が閉鎖され、イエスの生誕を基点とする暦（西暦）は使われなくなり、キリスト教の聖者に由来する地名や人名まで嫌われた。いま振り返れば、一過性の病みたいなものだった。人びとのなかに根づいた信仰心は消えなかった。キリスト教を基盤に、刑罰を見直す動きが高まった。

むずかしい理屈をこね回すのでなく、人びとの感性に訴え、だれにも理解できるように、刑罰のあり方をやさしく、わかりやすく説きはじめた。日本でもおなじみの作品を幾つか取り上げよう。ビクトル・ユゴーの『レ・ミゼラブル』は、その代表作といえる。これまでたびたび映画化され、舞台で演じられ、子ども向けに書き直したものやマンガまである。どなたもお馴染みのこの作品は、ジャン・バルジャンの一代記である。

彼は空腹のあまり、一個のパンを盗んだ。見つかって捕らえられ、裁判で懲役五年の判決を受ける。パン一個で懲役五年！　こんにちの感覚ではとてつもなく重罰である。ユゴーは当時の法律をもとにしている。まったくのフィクションではない。五年の刑期が終わってもジャンは釈放されなかった。「命令に違反した」「看守の指示に従わなかった」などの理由で、刑期はのばされた。監獄の門を出たとき、逮捕以来十九年経っていた。

ようやく実社会へ戻ったものの、「前科」はついてまわった。当時、一般民衆は外出時に身分証の携帯を義務づけられていた。宿へ泊まるときは呈示しなければならない。ジャンの身分証には、刑務所へ収容されていた旨の記載がある。日本でも江戸時代、監獄（牢屋敷）を出所するにあたって、腕や顔に入れ墨を入れられた。ひと目で、「元罪人」とわかる。この時代、洋の東西を問わず、〝ムショ帰り〟はあからさまに差別された。

ディーニュまで来たとき、軒並み宿を断られた。困りはてているジャンを救ったのは、教会である。司教のミリエルは他の客と同じように、ジャンをもてなした。それにもかかわらず、ジャンは銀の食器を奪って逃走する。途中、警察の不審尋問にあった。

「ディーニュの教会で貰ったのです」

ジャンは必死で弁解した。

警官は信じようとしない。事実を確かめるため、ジャンを教会へ連行した。

「もちろん、私があげました。燭台もあげたのに、お忘れになった」

ミリエルは燭台を差し出した。お馴染みのシーンである。

もしミリエルが「教会で貰ったって!? どこのだれともわからない男に、大切な銀の食器をやるわけがないじゃないか」と答えたら、いったいどうなったろう。監獄へ戻されただけではすまない。当時、教会のものを盗んだ者は死刑と決まっていた。ミリエルはジャンを救おうと、ウソをついたのだ。司教のウソを、読者は許した。『レ・ミゼラブル』には、教会のもの（神のもの）を盗めば死刑になるといったことは、ひと言も記されていない。フランスの死刑制度を調べるまで、わたしは知らずにいた。フランス人には周知の事実だったのだろう。ジャンが警察に捕まったとき、読者は彼の身を案じた。燭台を差し出したミリエルに、拍手を送ったのに違いない。

ジャンはディーニュの司教ミリエルに出会って立ち直る。日本風にいえば、心を入れかえて〝真人間〟になる。ミリエルにもらった銀器を元手に、事業に成功する。マドレーヌと名乗って、モントルイユ・シュル・メールに工場を建て、町の人たちに仕事を与える。

「マドレーヌさんは誰でも雇った。彼の（従業員に）要求したことは一つだけで、誠実な男であれ！誠実な娘であれ！ ということだった」

『レ・ミゼラブル』（佐藤朔訳、新潮文庫版）の一節である。利益の大半は町へ寄贈し、病院や学校を建てる。マドレーヌはだれからも慕われ、尊敬される。やがて、人びとのすすめでモントルイユの市長に選ばれた。

ジャンをここまで導いたものこそ、キリスト教にほかならない。監獄は十九年かかって、一人の囚人を更生させられなかった。出所するとすぐに、司教の館から銀器を奪って逃亡した。「神のもの」を盗めば死刑と決まっていても、人は盗みを働く。生きていかなければならないからである。

ジャンは生まれながらのなまけもので、窃盗癖があったのか。もちろん、違う。彼はもともと正直でかしこく、才気あふれる努力家だった。だからこそ事業に成功した。収益の大半は従業員に分け与え、町に寄贈した。町中の人たちに慕われ市長に推される。まるで実在性の乏しい、模範的な人間として描かれている。ここには二つの意味が隠されている。

一つは、くり返しになるけれども、キリスト教には悪人を改悛させる力がある、ということである。司教のミリエルは、ジャンを再生させた。もう一つは差別の払拭である。日本では、いったん監獄へつながれた者は、「ムショ帰り」と呼ばれて、いまなお差別されている。十九世紀のフランス、「ムショ帰り」は制度的に差別された。

市長に推挙されて数年、別の町で「ジャン・バルジャン」が放浪罪で捕まった。犯罪者は出獄しても、定められた場所に居住しなければならない。この住居指定令の違反者は、放浪とみなされた。差別の最たるケースだった。

無実の罪をきせられようとしているのに、ジャンは放っておけなかった。「わたしこそほんもののジャン・バルジャンだ」と名乗り出る……。『レ・ミゼラブル』を引用しよう。

「再びジャン・バルジャンになること、これこそ真に自分の復活をなしとげて、自分が脱出しようとしている地獄を、永久に閉ざすことなのだ！　外見上、地獄に再び落ちることは、事実上、そこからぬけ出すことなのだ！　それをやらなければならない！」

「復活」はイエスの死と再生を意味している。刑罰について語ろうとするとき、「復活」は無視できないテーマだった。のちに、別の作品でみよう。

彼は法廷に出向いて、「ぼくこそジャン・バルジャンだ」と、陪審員に語りはじめる。

「わたしが逃げ出そうとした汚辱の世界は、人を傷つけるものです。牢獄《ろうごく》が囚人をつくります。どうか、そのことを考えていただきたい。牢獄に入る前のわたしは、知能程度のきわめて低い、哀れな百姓、つまり白痴みたいなものでした。牢獄のために、わたしは一変しました。愚鈍だったわたしは、邪悪になりました。薪《まき》だったわたしが、火種になったのです。厳格がわたしを破滅させたように、あとでは寛容と親切がわたしを救ってくれました」（ルビも原文）

するどい監獄批判である。こうした視点は、フランス革命（監獄解体）を経なければ生まれなかった。後段の「寛容と親切」はキリスト教をさしている。牢獄は人を邪悪にし、宗教は人を救う……スペースに限りがあるので引用しなかったけれども、『レ・ミゼラブル』はキリスト教にまつわるエピソードであふれている。

人の「死」を食べる怪物

ジャン・バルジャンは、ベッカリーアの『犯罪と刑罰』、フランス革命、そして、キリスト教のもとで誕生した。どれ一つ欠けても書かれなかったろう。

覚えておいでだろうか。ベッカリーアは『犯罪と刑罰』を「社会の利益はそのすべての成員に平等にわかたれなければならない。(中略)それなのに、じっさいの人間の社会においては、あらゆる権力と幸福は特権階級的な少数者の上に、あらゆる弱さとみじめさを残る大多数の上に、集める傾向がつねにある」と書き出していた。『レ・ミゼラブル』は、日本では「ああ、無情」と訳されている。なかなか名訳だが、フランス語本来の意味は、「惨めな人びと」「哀れな人びと」である。空腹のあまりパンを盗んで、刑務所へ十九年拘禁されていたジャン・バルジャン。ようやく出獄したものの、どこでも宿泊を断られる。せっかく泊めてくれた教会から、銀の食器を奪って逃走する。何と哀れで、惨めなのだろう。

波瀾に富んだジャンの生涯は、この作品のいわば縦糸。ユゴーは横糸で、死刑を含めた刑罰のあり方について、多くを語っている。映画や演劇、子ども向けの本などに脚色されたのは、もっぱら縦糸のほうだった。物語としておもしろいし、印象に残っているだろう。これからしばらく、横糸をたぐってみよう。『レ・ミゼラブル』は、「一八一五年のこと、シャルル・フランソワ・ジャンヴニュ・ミリエル氏は、ディーニュの司教だった」という書き出しではじまる。ミリエルは、ジャンを救った司教である。ユゴーはミリエルの日常を詳細に追っていく。たとえば、こんなエピソードを伝えている。「軽業師」のあだ名を持つ男が殺人罪で逮捕され、裁判で死刑を宣告された。処刑直前、刑務所の教誨師が病気で倒れた。十九世紀初頭、フランスにはすでに教誨制度があった。宗教は精神生活の支えになっていたからこそ、教誨制度は自然にうまれたのだろう。

ミリエルは教誨師の〝代役〟として、刑務所へ行く。少し長くなるが引用しよう。

「彼は早速刑務所に行き『軽業師』の監房に入って、その本名で呼んでやり、手を取って話しかけた。彼は男のそばで一昼夜すごし、寝食を忘れて、死刑囚の魂のために神に祈り、自分の魂のために死刑囚に祈った。（中略）あくる日、不幸な男が呼び出されたとき、司教もいあわせた。（中略。司教は）男と囚人車に乗り、男と一緒に断頭台にのぼった。前日はあれほどふさいで、打ちのめされていた受刑者が、はればれとした顔をしていた。魂の安らかになったように感じ、神に希望をかけていた。司教は男を抱きしめ、（ギロチンの）刃が落ちる直前に、こう言った。『人に殺される者は、神がよみがえらせたもう。同胞に追われる者は、父なる神を見いだす。祈り、信じ、生命の中に入れ！　父なる神はそこにまします』断頭台から降りたとき、司教の眼差しの中に、何ものかを感じて、群衆は列を正した」

現実に死刑制度があって、きょう明日にも生命を絶たれるかもしれない死刑囚に対して、いったい何ができるのか？　ユゴーは司教のミリエルを介して、暗黙のうちにこの問いに答えようとした。

「死刑囚と共に」と……。「死刑囚と共に」は、死刑について考えるとき、重要なキーワードである。『レ・ミゼラブル』は少し視点を変えると、犯罪と刑罰（死刑）についての啓蒙書、ともいえる。教誨師として死刑執行に立ち会ったミリエルのエピソードにあわせて、ユゴーは続ける。

「断頭台を目撃しないかぎり、人は死刑について或る程度無関心でいられる。（中略）断頭台を一つでもみると、心の動揺が激しく、それにたいして賛否いずれかを決めなければならない。或る者はド・メーストルのように賛美し、他の者はベッカリーアのように憎悪した。断頭台は法律の具体化であり、『刑罰』と呼ばれるものであり、中立ではなく、人に中立を許さない」

文中のド・メーストルは、十八世紀半ば、フランス生まれの哲学者。フランス革命に反対して、ロシアへ亡命した。熱烈な死刑賛成論者である。ド・メーストルに言わせれば、死刑は〝神の法〟をまっとうするため、神から王に与えられた神聖な武器であり、死刑執行人は〝社会秩序の礎石〟なのである。王の権力は神から授けられたとする王権神授説は、死刑論にまで浸透していた。

刑罰（死刑）や刑事手続きは、ヨーロッパの中世を支配した王権神授説を否定することから、見直されていった。こうした動きのなかで市民意識が芽生え、市民革命（フランス革命）へとつながった。死刑に賛成・反対どちらにせよ、ヨーロッパではキリスト教を無視して語れない。死刑論イコール宗教論とさえいえる。宗教改革のうねりは、刑罰を見直す契機になった。ユゴーはギロチン（断頭台）をつぎのように形容している。

「断頭台は死刑執行人の共犯者であり、それはむさぼりくらい、肉を食べ、血をすする。断頭台は裁判官と大工がつくった一種の怪物で、それが与えたすべての死からできた、一種の恐ろしい生命を生きているみたいな怪物である」

ユゴーの生きていた時代、死刑は街の広場で執行された。いわゆる公開処刑だった。ヨーロッパを旅行された方はご存じのように、どこの国でも、オールド・タウンにはかならず広場がある。その広場で処刑した。広場にギロチンを据えつけて、バッサ、バッサと首を切り落とした。その度に、あたり一面、血しぶきが舞う。ギロチンは人の死を食べて生きる「怪物」である。出生不明の、得体のしれない怪物ではない。法制度と技術（裁判官と大工）がつくり出した怪物である。ユゴーはギロチンを指さして、

「ギロチンは法律を具体的な形にしたものです。ギロチンの前に立つとき、人は中立でいることを許されません。さあ、あなたは、死刑に賛成ですか、それとも、反対ですか」

と、問いかけている。

十九世紀の予言

ユゴーはまた、『死刑囚最後の日』を著している。ある被告人が裁判で死刑判決を受けてから、死刑台に立たされる最後の瞬間まで、第一人称形式で克明に描いている。一八二九年に上梓した。『レ・ミゼラブル』を著す三十年余り前、ユゴーはまだ二十代の青年だった。彼は若いころから、死刑に反対していた。岩波文庫版の訳者、豊島与志雄は、「解説」のなかでつぎのように指摘している。

「『死刑囚最後の日』は人を狂気せしめる作品だと、ある人が言っている。実際そこには、死刑の判決

を受けてから断頭台にのぼらせらるる最後の瞬間に至るまでの、一人の男の肉体的および精神的苦悶《くもん》が、微細に解剖され抉剔《けってき》されている。生きている首をきらるる、自然から受けた生命を人為的に奪い去らるる、その当人の現実的な苦悶が、情熱をもって叙述されている。そしてすべてが死刑廃止の主張へと集約される」(ルビも原文)

同書は最初、ペンネームで発表された。名前を聞いたこともない著者が、死刑囚の日々の生活から、その内面まで――豊島の言葉を借りるなら、死刑囚の精神的苦悶まで――ときに情熱的に、ときにたんたんと語っている。多くの人びとは衝撃を受け、政治家や宗教家のあいだでも話題になった。

死刑は近世まで、公開の場で執行された。フランスだけではない。ヨーロッパ、中近東、アジア……世界のあらゆる場所で、公開処刑を原則にしていた。十八世紀末以来、フランスではもっぱら、ギロチン(断頭台)だった。公開の場に引き出された死刑囚がギロチンで首をはねられる場面を、だれもが目にした。それにもかかわらず、『死刑囚最後の日』は多くの人びとに衝撃を与えた。「筆者はだれか」と騒ぎになった。三年後の一八三二年、ユゴーは公然と名乗り出た。あらたに長い序文をつけて出版した。ユゴーは序文のなかで書いている。

「裁判し処刑する側の人々は、死刑を必要だと言う。第一に、(中略)社会共同体からすでにその害となりなお将来害となりうる一員を除くことは大事なことだと。……しかし、もしそれだけのことであったら、終身懲役で十分だろう。死が何の役にたつか。監獄では脱走の恐れがあるというならば、巡警をなおよくすればよい。鉄格子の強さでは不安だというならば、どうして他に動物園などを設けておくのか」

日本では一九九〇年代に入って、死刑に代わる刑（代替刑）として、仮釈放のない終身刑を導入すべきだという意見が、いっそう声高に聞こえるようになった。ユゴーは百七十年も前に終身刑を提唱し、『レ・ミゼラブル』でこう予言した。

「二十世紀は幸福になるだろう。そのころは、もう古い歴史に似たものは何もなく、現代のように、征服や、侵略や、横領や、武力による各国の争いや、（中略）無限の橋の上でぶつかり合う二つの宗教の争いなどを、もはや恐れる必要はなくなるだろう。飢えも、搾取も、貧苦のための売春も、失業による悲惨も、絞首台も、剣も、戦争も、事変の森で偶発する略奪《りゃくだつ》も、恐れる必要はなくなるであろう」

フランスに限れば、「二十世紀のうちに死刑はなくなるだろう」という予言はあたった。一九八〇年代に入って、フランスは死刑を廃止する。あとは残念ながらはずれた。宗教戦争は二十一世紀に入っても続いている。

宗教と刑罰をテーマにした作品として、ロシアの文豪レフ・トルストイの『復活』も、見逃せない。

刑罰と宗教

カチューシャ可愛や、別れの辛さ……

大正デモクラシー華やかなりしころヒットした「カチューシャの唄」。喜劇役者のエノケンこと榎本健一や、歌手の田谷力三が東京・浅草で舞台狭しと踊り、歌いまくった、浅草オペレッタ。あの甘くせつなく、どこか退廃的なだみ声を知る人は、いまやほとんどいない。かく言うわたしも、音の悪いSPレコードで聴いただけである。

カチューシャは、十九世紀に活躍したロシアの文豪、レフ・トルストイの小説『復活』のヒロインである。『復活』のテーマは死刑ではないが、刑罰と宗教のかかわりをとらえかえそうとするとき、忘れられない名作である。

十九世紀末、トルストイは評論『芸術とは何か』を著して、「真の芸術は宗教（キリスト教）的愛を説かなければならない」という持論を展開した。その直後に発表したのがこの作品だった。『復活』はヨーロッパで広く読まれ、日本でもたちまち翻訳版が出版された。「カチューシャの唄」は耳にしなくとも、『復活』の大まかなストーリーはご存じだろう。ビクトル・ユゴーの『レ・ミゼラブル』と同じように、映画や舞台劇に脚色され、子ども向けの本やマンガに書き改められて世界中で親しまれた。これらの〝二次作品〟は、ラブストーリーにつくり替えられた。かならずしも、トルストイの真意を伝えていない。

物語は大きく三つに分かれている。〝第一場〟の幕があがると、ロシアの田園地帯が広がる。大農場の屋敷で、一人の若い女が小間使いとして働いている。エカテリーナ・マースロワ。「カチューシャ」は彼女の愛称である。

彼女が十八歳の夏、農場主の甥にあたる大学生ネフリュードフが、論文を書くために屋敷を訪れた。しばらく過ごすうち、互いに好意をもった。ネフリュードフは強引に肉欲を満たした。翌朝、百ルーブル札の入った封筒を渡して、屋敷を去る。当時、百ルーブルは大金だった。ネフリュードフは娼婦を買う感覚だった。

身重になったカチューシャは、「そんな体で、仕事はできない」と屋敷を追われる。彼女は自殺を考えた。「お腹の子のために」と苦しみに耐えたのに、生まれてまもなく、子どもは息を引き取った。やむなく、都会へ出ていく。ここまでが第一幕である。

ネフリュードフは、コルチャーギン公爵の娘と婚約した。コルチャーギンは裁判長をしていた。食事の席で、裁判が話題になった。「陪審員をやってみないか」とすすめられ、ネフリュードフは気安く引き受けた。

陪審制の歴史は古く、中世初期までさかのぼる。当時、ロシアに限らず広くヨーロッパ全土で陪審員は無作為抽出でなく、当局の恣意のままに選ばれた。トルストイは『復活』のなかで、陪審制を含めて裁判制度に多くのスペースを費やしている。この時代の裁判の〝からくり〟がよくわかる。

ネフリュードフが陪審席に着くと、法廷に殺人事件の被告人が三人引き出された。一人はまだ若い女性だった。法吏は被告人の名を読み上げた。「エカテリーナ・マースロワ、二十七歳」。

カチューシャである。あまりの変わりように、ネフリュードフは目を疑った。あれから十年と経たないのに、みずみずしさは消え、まったく別人のようだった。彼女はなぜ、被告人として法廷に立たされたのか？……。この疑問に答えるには、屋敷を追われたところまで話を戻さなければならない。

都会へ出てきた彼女は、歓楽街へ身をおいた。

ある夜、彼女は客のスメリコフとともにホテルへやって来た。スメリコフの求めに応じて、食堂から酒を運んだ。酒に毒薬が入っていた。スメリコフはひと口飲むと、そのまま息絶えた。彼は大金を隠し持っていた。ホテルで働くボチコーワら二人の男女が、強奪を計画した。警察の取り調べで、カチューシャは酒を部屋へ運んだのは認めた。

「でも、お酒に毒薬が入っていたなんてまったく知りませんでした」

と、犯行を否認した。

ボチコーワらは、「カチューシャはわれわれの仲間です。計画段階から、いっしょに相談しました」と供述した。彼らは法廷でも同じ陳述をくり返した。どちらの主張が正しいのか。彼女は有罪か無罪か?……。陪審員の意見は分かれた。

陪審席で事件の成り行きを見守っていたネフリュードフは、カチューシャと過ごした日々を思い出した。自らの責任を痛感し、牢獄へ彼女を訪ねて詫び、無罪にしようと尽力した。しかし、老練な陪審員になかば騙されて、手続き上のミスを犯す。トルストイは、当時の陪審制を激しく非難している。

判決は有罪。カチューシャは四年の流罪(シベリア送り)だった。現代の日本と比べて、あまりに軽いのに驚かされる。人を殺して金を奪えば、無期懲役か死刑である(刑法第二百四十条強盗殺人罪)。情状酌量の余地があれば無期、なければ、死刑である。

「再生」への思い

ネフリュードフは、被告人席にカチューシャの姿を見たときから悩み苦しんだ。有能な弁護士を雇ってやろうとも考えた。「金で解決しようとするのは、あの時と変わらない」と、思い返した。あのとき……すでに十年前、彼はカチューシャに金を渡して、ケリをつけようとした。この十年の間に、彼は広大な農地を遺産相続した。農地はすべて農奴に与え、「ふつうの人間」として、カチューシャと結婚しようとする。トルストイは、ネフリュードフの思いをつぎのように描写する。

「彼女に対する自分の罪を悔い、その罪をつぐなうためにはできるだけのことをするし、場合によっては彼女と結婚もする、とはっきり言明するときのことを想像すると、もう言いしれぬ一種の感動にかられて、目頭《めがしら》に涙がにじんでくるのであった」(木村浩訳、新潮文庫版。ルビも原文)

彼は牢獄へカチューシャを訪ねて、プロポーズした。カチューシャはこころよい返事をしなかった。やがて、シベリアへ向かって旅立つ日が来た。囚人たちは大きな荷を持って、ぞろぞろと歩きだす。ネフリュードフも荷を担いで後に続く。映画や舞台は、たいがいここで終わる。ハリウッド好みの愛の物語にしてしまった。トルストイは、イギリス人のジャーナリストを登場させて、流刑地を詳述している。ここからが第三幕である。流人の生活がよくわかって興味深い。物語の顚末とあわせて、『復活』をお読みいただくとして、トルストイは『復活』に何を託そうとしたのか、考えてみたい。

いうまでもなく、「復活」はイエス・キリストの再生(復活)を意味している。ゴルゴタの丘で処刑されたイエスは、数日後に再生したと『バイブル』は伝えている。キリスト教文化圏で暮らす人びとは、「復活」といえばイエスの死と再生を思い浮かべるだろう。イースター(復活祭。春分が終わって最初の満月の直後の日曜日)はクリスマスに次ぐ祝日である。とくにカトリック系の国では、毎年大がかりなカーニバルを開いている。

さて、『復活』のヒロイン、カチューシャは被害者としてわたしたちの前に登場する。加害者はもちろん、大地主の息子、ネフリュードフである。ネフリュードフにもてあそばれ、身重になった彼女は屋敷を追われる。苦労して産んだ子はまもなく死に、逃げるように都会へ出てくる。そうして娼婦に身を落とす。あげくに殺人事件に巻き込まれて、シベリアへ送られる。悲劇のどん底へ落とされたかのようである。しかし、トルストイの意図は、「お涙ちょうだい」ではない。

当時、都会へ出てきた女性を待ち構えている仕事は、三つぐらいしかなかった。一つは無給の家事手伝い。衣食住はあてがわれるものの、いつも男に言い寄られる。言い寄られなくなったら〝終わり〟である。もう一つは、いわゆる洗濯女。ロシアの冬は寒い。寒さと過労でたいてい早死にする。残る一つは娼婦である。彼女は娼婦に身を落としたのでなく、仕事として主体的に選び取ったのだ。

男は若い性を求める。そのために人生を台無しにされても泣き寝入りするほかないとしたら、ネフリュードフを責めても何一つ解決しない。彼女は自らの性を武器に、このような社会に復讐しようとした。娼婦になっても、彼女は決して卑屈にならなかった。シベリアへ送られる直前、ネフリュードフは監獄へ詫びにくる。

「せめていまからでも罪のつぐないをしたい。神に対して、ぜひそうしなければならないのです」

彼女はすかさずやり返した。

「まあどんな神様をお見つけになりましたの。……あなたはわたしをだしにして、自分を救おうと思っているのね。この世でわたしをおもちゃにして、自分を楽しませておきながら、あの世でまたわたしをだしにして、ご自分を救うつもりなのね」

「神」（宗教）を〝利用〟して加害者自らが救われようとする論理構造は、死刑囚に対する教誨とそのまま重なる。すでに第二章でみたように、日本は明治以来、死刑囚に刑死を受け入れさせようとした。その役割を「教誨師」と呼ばれる職業宗教家（プリースト）に託してきた。死刑囚が刑死を受け入れるなら、死刑執行官はじめ執行にたずさわる者は「あの世で救われ」ても、「復活」は望めない。ネフリュードフはカチューシャ一人のためでなく、キリスト教に根ざした社会の改革をめざし、カチューシャは再生をこころがける。

十八～九世紀のヨーロッパ、人びとは宗教を通して刑罰のあり方をとらえなおそうとした。「監獄の解体」ではじまったフランス革命はその引き金になった。「牢獄は人を邪悪にし、宗教は人を救う」（ビクトル・ユゴー）。

トルストイは、宗教による「復活」をこころざした。日本の教誨と同一視しないでいただきたい。〝官〟の押しつけでなく、市民が自らの意志で宗教を求めた。あの時代、新たな宗教改革がすすんでいたのではあるまいか……。

刑罰の目的

十九世紀ロシアの作家、ドストエフスキーの『罪と罰』や『カラマゾフの兄弟』も、ここでのテーマとそっくり重なっている。『罪と罰』の主人公、大学生のラスコーリニコフは、「非凡な人間は、無益な人間の財産を奪って、社会のために役立てられる」という身勝手な論理によって、高利貸しの老女とその妹を殺害、金品を奪って逃走する。犯行に成功するものの、犯した罪の大きさに気づいて悩み苦しむ。そうした主人公の姿を、ドストエフスキーは巧みに描いている。

「ラスコーリニコフは、歩きだしながら考えた。〈あれはなんで読んだんだっけなあ。ある死刑の宣告を受けた男が、処刑される一時間前という時になって、こんなふうに言ったとか考えたとかしたというのは。……もしどこかの山の頂きか、岩の上か、或はただ二本の足を置くにたるだけの狭い場所に生きなければならぬことになったとしても、……そして、その周囲は深淵で、大洋で、永久の晦冥、永久の孤独、永久の風雨に包まれたような、その尺にもたらぬ面積の上に、一生涯はおろか、千年万年そのまま立っていなければならぬことになっても、今すぐ死ぬよりは、やはり生きていたほうがましだ！（中略）〉と」（中村白葉訳、岩波文庫版）

ある思想研究会に属していたドストエフスキーは、捕らえられて死刑を宣告された。銃殺の寸前、シベリア流刑に減刑される。「ある死刑囚の話」は、自身の体験だろう。

ラスコーリニコフは悩みに悩んだあげく、女友だちのソーニャに相談する。彼女のすすめで自首。流刑七年の判決を受けて、シベリアへ向かう。『復活』のカチューシャより重いものの、現代の日本に比べて、はるかに軽い。

『カラマゾフの兄弟』は、犯罪・刑罰・宗教の三つを説き起こしている。メイン・ストーリーは、ロシアのある田舎町（場所は特定されていない）に住むカラマゾフ家の主《あるじ》フョードルが、自宅で何者かに殺され、三千ルーブルの金が盗まれた。強盗殺人。大事件だった。

カラマゾフ家には三人の息子がいた。「ミーチャ」の愛称を持つ長男のドミトリーは、父親殺しの犯人として疑われる。盗まれた金に匹敵する大金を持って、遊び回っていたからである。彼はやがて逮捕され、予審審問の法廷に立たされる。検事は金をいつどこで入手し、何に使ったのかと尋問する。百数十年前、ドストエフスキーは、「裁きのためであろうと、被疑者・被告人の私生活に干渉してはならない」と説いた。私生活への干渉は、人間性の汚辱につながる。この悪癖はいまなお続いている。犯罪が発生し、被疑者(マスコミのいう容疑者)が逮捕されると、犯行の動機やら目的やらが逐一報道される。被疑者は汚辱にさいなまれている。

ドストエフスキーはカラマゾフ家の物語を、主な登場人物の紹介からはじめている。さまざまなエピソードを積み重ねて事件に至る。最初のエピソードは、ここでのテーマとそのまま重なる。

八月のある晴れた日、フョードルは息子たちを連れて、町はずれの修道院を訪れた……。ここでお断りしておかなければならない。わたしの愛読書は一九七五年発行の岩波文庫版である。同書の初版は一九二七年。戦後、一度改訂したと奥付にある。同書をそのまま引用すれば、フョードル親子は修道院でなく「僧院」を訪れた。その他、「僧」や「本堂」「庫裏」などの用語がみられる。訳者の米川正夫は、キリスト教を仏教文化の枠組みのなかでとらえようとしたのかもしれないが、「僧院」のはずがない。全体の文脈から、「修道院」と解釈した。彼らは修道院の長老を囲んで語り合う。やがて、刑罰が話題になった。次男のイワンはすかさず提案した。

「今でも裁判が教会社会的なものでしかないとしたら、今でも教会は流刑や死刑を宣告するようなことはしないでしょう。そして犯罪もそれに対する見解も、間違いなく一変すべきはずです。(中略)もし一切が教会となってしまったら、教会は犯罪人や抵抗者を破門するだけに止めて、決して首なんか切らないでしょう」

「どう思われますか」と意見を求められて、長老はいう。

「（刑罰では）決して何人をも匡正《きょうせい》することは出来ませんじゃ。何よりもっとも悪いのは、（刑罰は）いかなる罪人にも恐怖を起させないばかりか、決して犯罪の数を減少させることがない。（中略）現代において社会を保護するのみならず、犯人を匡正して別人のようにするものが何かあるとすれば、それはやはり自己の良心に含まれたキリストの掟《おきて》にほかならぬ。（中略）犯人は自分の罪を自覚するのであって、決して国家に対して自覚するのではない」（ルビも原文）

「匡正」は現在、「矯正」と綴る。刑務所は「矯正施設」ともいう。

あまりに断片的で、わかりにくいかもしれない。限られたスペースで、ドストエフスキーの思想や哲学をかみ砕けば、いらぬ誤解を招きかねない。視点を変えよう。『カラマゾフの兄弟』は一八八〇年に発表された。日本の明治初期である。当時はもちろんこんにちにおいても、この種の問答――宗教を機軸に、刑罰とは何かを問い返すこと――は、ほとんどなされていない。その原因を解明するには、国家権力と宗教との関係に目を向けなければならない。

戦前の日本は、神道（皇室神道）をなかば国教化していた。わたしにいわせれば、「天皇教」である。政府は、天皇教と相容れない宗教ならびに宗教教団を、徹底的に弾圧した。このあたりの問題は、第六章で補足しよう。刑罰は国家権力の意思を投影している。天皇教の絶頂期、刑罰のあり方に異議を唱えようがなかった。戦後ようやく、信教の自由は憲法で保障されたものの、公教育の場で宗教教育はないがしろにされた。宗教を通してものごとをとらえ、考える習慣は、いまだに身についていない。

キリスト教と仏教との違いに目をむける読者もいるだろう。キリスト教と死刑は深く結びついている。「神の子」と称されるイエス・キリストは処刑され、教会が国権(王権)を凌駕するほどの権力を持つようになると、魔女裁判にみられるように、教会自身が死刑判決を下した。仏教は……少なくとも、日本にあっては、国権と肩を並べる権力を手にしたことはない。江戸時代の檀家制度はその典型だが、寺は権力のいわば出先機関として、民の管理に一役買っていた。

しかし、仏教のもとで死刑を廃止できないはずがない。考えてみると、日本は死刑廃止先進国である。九世紀初頭から約三百五十年にわたって、死刑を停止していた。こんなにも長い間、死刑をやめていた国は他にない。当時、平安仏教の勃興期だった。民衆仏教の広まりと、無関係ではありえない。無関係ではないが、他の要因がいくつもあった。

中世の日本は死刑廃止先進国

平安時代の始まりを平安京遷都(七九四年)とみるなら、中央集権国家体制が確立して、せいぜい二百年か三百年しか経っていない。新しい政権は律令を国家統治の基盤とした。七〇一年(大宝元年)に完成した「大宝律令」である。「律」は刑法。「令」はこんにちの行政法にあたる。法によって国を治める、法治国家が誕生したかのようである。律令制は土地の国家所有を前提にした。ここにスポットをあてて、時代の移り変わりをみてみよう。

国(大和朝廷)はすべての土地を国有化し、良民《りょうみん》と賤民《せんみん》に〝公平〟に班《わか》ち与えることにした。班たれた地を「口分田《くぶんでん》」といった。土地を与える代わりに国は税を徴収し、労働力を提供させた。班田収授法のシステムだけみると、まるで原始共産制である。現実は、民に土地を持たせないための口実だった。民の土地所有を制限しながら、皇族や貴族、高級官吏に「位田《いでん》」「職田《しきでん》」「功田《こうでん》」を、大社寺には「寺田」「神田」の名目で土地を与えた。「位田」は位階《いかい》に応じて与えられる土地である。

位階とは、地位や身分の階級（序列・等級）である。律令制は、親王（皇族）を一品《ぽん》～四品、臣下は正《しょう》一位～従《じゅう》八位というように、階級をつけた。ついでにいえば、明治期以来いまなお使われている勲位は、律令制の位階をまねてつくられた。ちなみに、勲一等は正三位にあたる。奈良時代、親王に三十～八十町、臣下は正一位＝八十町、従五位＝八町の位田が与えられた（一町は約一万平方メートル）。

官職に就けば官位に応じて「職田」が、名をなし功を遂げた者は「功田」が、それぞれ与えられた。これらの土地は、官位とともに子から孫へと引き継がれた。民に班たれる口分田は、良民の男子でわずか二反である。従五位に与えられる「位田」の四十分の一。しかも、本人が死ぬと国へ返さなければならない。

七二三年、朝廷は「三世一身の法」を設けた。自ら開墾した土地は本人・子・孫の三代に渡って使用を許すと、開墾をうながした。荒野を耕しても、自分のものにならない。いってみれば、期限付きの使用権を得たようなものだった。苦労して開墾しても、曾孫の代には取り上げられる。本気になって鍬をふるう者はいなかった。そうでなくとも、百姓は税と労役（租・調・庸・雑徭《ざつよう》）に日々追われていた。荒れ地を耕すゆとりはなかった。七四三年、こんどは墾田永年私財法を制定した。開墾した土地は一定の面積に限って、永久私有を認めた。ここに至って、土地の国家所有を前提にした律令制は破綻した。

この年（七四三年）、朝廷は大仏建立計画を立てた。奈良東大寺の大仏（盧舎那仏）建立に、延べ二百万人の役夫が動員され、二十年の歳月が費やされた。この時期すでに国分寺、国分尼寺の建立がはじまっていた。増大した経済負担は、相対的に朝廷の力を弱めた。

六世紀に伝来した仏教は、天皇家の庇護を得て急速に〝発展〟した。洋の東西を問わず、権力と結びついた宗教は勢力を拡大した。巨大な伽藍や大仏などの宗教施設は、その証しだった。世界中同じだが、日本にはただ一点、他国と決定的な違いがあった。新しい宗教を受け入れたとき、古い宗教を捨てて改宗する。天皇家は改宗しなかった。仏教を採り入れながら、「皇室神道」と呼ばれる特殊な宗教を維持し続けた。神仏混淆、「神と仏は一緒くた」。日本の宗教のわかりにくさの一端はここにある。


朝廷では、藤原一族が勢力を誇っていた。「藤原氏はもともと大豪族だったうえに、知力、政治力に優れた者が何代にもわたって輩出して、朝廷に確固たる基盤を築いた」と、歴史家は評している。

藤原氏が勢力をのばしたのは、天皇（家）との〝結びつき〟を深めたからである。そのもっとも手っ取り早くて確実な〝方法〟は、娘を天皇（家）に嫁がせて外戚になることだった。藤原氏から天皇家に嫁いだ女性は数しれない。

大化改新（六四五年）の中心人物として知られる藤原鎌足から数えて三代、不比等の四人の息子たちは、南家（武智麻呂）、北家（房前）、式家（宇合）、京家（麻呂）の四家に分かれて覇を競った。北家はもっとも繁栄した。九世紀初頭、良房は最高権力者たる摂政太政大臣の地位に就いた。養子の基経は関白に出世した。以降、明治維新以前に摂政・関白になったのは、豊臣秀吉、秀次の二人を除いて、すべて基経の子孫である。

藤原氏は勢力を誇ったといえ、権力の座をめぐる争い（大半は骨肉の争い）は絶えなかった。平安時代最後の死刑事件となる「薬子《くすこ》の変」も、天皇家に藤原氏のからんだ権力争いだった。それだけに、人間関係が複雑に入り組んでいる。できるだけ解きほどいてレポートしよう。

式家を興した宇合から数えて三代目にあたる種継は、桓武天皇（在位・七八一年〜八〇六年）のもとで、長岡京の造営にたずさわった。新しい都の完成をみないうちに、何者かに暗殺された。種継の娘薬子は、才気あふれるたぐいまれな美女、と伝えられている。

彼女は藤原一族の強主と結ばれた。二人の間にできた娘を、桓武の皇太子（のちの平城《へいぜい》天皇）の愛人として後宮（東宮）へ送り込んだ。皇太子はやがて母親の薬子も迎えた。桓武は、「皇太子は天津罪《あまつつみ》を犯した」と怒り出した。

天津罪は、古代の罪概念である。『日本書紀』『古事記』など奈良時代に編纂された歴史書は、「罪」を大きく国津罪《くにつつみ》と天津罪の二つにわけている。国津罪とは日本列島土着の神々（国津神）が、天津罪は高天原でスサノオ（素戔嗚尊）が犯したとされる罪である。いまでも神主は祝詞のなかで、「諸々の天津罪、国津罪、祓いたまえ、清めたまえ」と唱えている。あれである。国津罪の主なものは、

①白人《しろひと》＝一種の色素欠乏症。肌の色が白くなる。

②胡久美《こくみ》＝コブやイボなど、体に特殊な肉のついた状態。
③高津神の災い、高津島の災い＝神聖な物の上に雷が落ちたり、鳥が糞をすること。
④畜仆し《けものたお》＝家畜の死。引き連れていた家畜が何らかの理由で死亡すること。
⑤母と娘を犯す罪＝「私姦」「強姦」を問わない。
⑥畜を犯す罪＝獣姦。

疫病（①と②）や偶然の災疫（③と④）も、「罪」とされた。

皇太子の行為は⑤の「母と娘を犯す罪」にあたる。桓武は、薬子を東宮から追放した。八〇六年、桓武が死ぬと、皇太子はただちに即位して「平城」と号した。薬子を尚侍《ないしのかみ》に取り立てて、従三位をさずけた。尚侍は天皇の身近に仕奉《つか》える女官である。後宮では最高位を与えられ、奏請や伝宣（天皇に願いごとをする者との間をとりもったり、天皇の命令や言葉を伝えること）、女官の監督、宮中の礼式などをつかさどった。これまで、尚侍の位は従五位だった。異例の出世をした妹のお陰で、兄の仲成も取り立てられた。

彼女は天皇の寝室にも仕奉えた。薬子を先例として、尚侍はもっぱら天皇の性の相手をするようになった。のちに本来の職務は次官の掌侍に任せ、尚侍は「勾当尚侍」「長橋局」と呼ばれて、妾と同義語になった。『源氏物語』は彼女たちの織りなす人間模様をたくみに描いている。

もともと病気がちだった平城は、八〇九年四月、退位して上皇となった。代わって皇太子の神野が即位して、嵯峨と号した（在位・八〇九年〜八二三年）。嵯峨も病弱だった。翌八一〇年正月、朝賀の儀

（天皇が家臣たちから年頭の挨拶を受ける儀式）を開かなかった。

嵯峨が健康を害すると、平城は薬子や仲成らを引き連れて、〝返り咲き〟を狙った。いったん退位した天皇が、再びその地位に就くことを「重祚」という。重祚するには、現天皇を葬らなければならない。危険を察知した嵯峨は蔵人所をもうけて、〝非常時〟には、天皇が重要事項を掌握できるシステムをつくった。上皇は父親である。天皇の地位にあっても、息子は見下される。嵯峨は北家の藤原冬嗣を蔵人頭に任命して、政務上の機密事項を扱わせた。これを機に、北家は勢力をのばした。

死刑執行禁止期

嵯峨と平城との確執はさらに深まった。嵯峨の任命した役人を、平城が罷免する。天皇が二人いるようなものだった。取り巻き連中も二派に分かれる騒ぎに発展した。

平城が遷都しようとしているのを知って、嵯峨は薬子の官位を剝奪して宮中から追放し、仲成を監禁した。平城は徹底抗戦の構えをみせ、畿内・紀伊の兵を集め、薬子とともに東方へむかった。嵯峨は、征夷大将軍の坂上田村麻呂らに平城らを追わせるいっぽう、八一〇年、仲成を処刑した。天皇軍が追撃に出ると、上皇軍の兵士の多くは逃走した。クーデターは失敗した。平城は髪を落として出家。薬子は毒を飲んで自殺した。

この〝事件〟はなぜか、「薬子の変」と呼ばれている。薬子は平城の重祚を画策した、上皇は彼女の性に翻弄された被害者といった印象を、広めようとしているようでならない。事件の名称はときに、権力の意向や思惑を映し出している。

律令は、「謀反の罪」を犯した者は、主犯・従犯を問わず、未遂でも死刑に処すと定めている。にもかかわらず、処刑されたのは、事件のいちばん端っこにいた仲成だった。律令(大宝律令、七〇一年制定)は完成して、すでに百年あまり経っていた。十分なじんでいるはずなのに、天皇家に対して、法は法として機能していなかった。こんにちでも同じだが、刑罰(死刑)とはなにかを問うには、法は何を規定しているかだけでなく、どのように運用されているかに、目を向けなければならない。

仲成は平安時代最後の死刑囚だった。仲成の処刑から三百四十七年にわたって、死刑は執行されなかった。三百四十七年といえば、死刑は廃止されたのに等しい。この時期なぜ、死刑執行は停止されたのか。さまざまな意見がある。アトランダムにあげよう。
①日本人は本来穏やかで、死刑に該当する犯罪は、もともと少なかった。
②仏教政策が浸透して、慈悲の精神にあふれていた。
③流刑が一般化して、死刑の〝代役〟をはたした。
④ときの嵯峨天皇は文人で、血を好まなかった。
などである。
①は確証がない。事件記録はもとより統計の類は残っていないからだ。一般論でいえば、大陸に比べて島国は穏やかだ。②の「仏教政策の浸透」にあたるかどうかはともかく、平安時代に台頭した仏教(いわゆる、平安仏教)は、権力誇示の〝道具〟だった奈良仏教とあきらかに異なる。この時代に登場した最澄(七六七~八二二年)や空海(七七四~八三五年)らによって、仏教の民衆化がはかられた。③

も無関係ではあるまい。

もっと直接的な原因があった。「薬子の変」から五年を経た八一五年十一月、朝廷は、「来年から死刑は十月初旬までに執行すべし」との布告を出している。当時、死刑執行は滞《とどこお》りがちで、死刑囚が溜まっていた。「昔は野蛮だったから、無茶苦茶に執行した」と、大半の読者は受けとめているのではあるまいか。現実は逆だった。律令は多くの執行禁止日を設けていた。ここにも死刑停止に向かう一因があった。

現代でもそうだが、死刑問題を論議するとき、「死刑を廃止したら、死刑囚はどうなるのか」という疑問が当然のように持ち上がる。ある席上、「死刑を廃止したら、死刑囚は釈放されるのか」と逆に問い返されて、驚いたことがある。〝廃止後〟は重大な問題である。当時、大幅に減刑した。ここで、律令の刑罰規定をざっとみておこう。そうしないと、どれほど減刑したのか、理解していただけない。

律令はつぎの五つの「罪」を設けていた。「罪」はこんにちの「刑」。死刑は「死罪」といった。このような歴史のもとで、「刑」と「罪」はいまだにあいまいにされている。


笞罪＝笞で打つ刑。

杖罪＝杖で打つ刑。

徒罪＝現在の懲役刑。

流罪＝島流しの刑。「近流」「中流」「遠流」の三種類があった。京から離れれば離れるほど重罰とされた。

死罪＝死刑。「絞」(吊るし首)と「斬」(首斬り)の二種類あった。「斬」は「絞」より重く、最高刑。

死刑執行の手順も細かく決められていた。「裁判」が終了すると、判決が死刑のばあい、家族同席の上で刑を宣告し、死刑囚本人から「死刑執行承伏書」を取りつけた。執行手順は男、女、特別の身分の者(五位以上の者及び皇族)で異なった。死刑は原則として、人びとの多く集まる市(棄市)で執行した。みせしめのための公開処刑である。

男の死刑囚は首枷などの刑具をつけられ、縄で縛られて、牢獄から市まで引き連れられていった。女は刑具をつけられなかった。臨月の妊婦は仮釈放された。出産後二十日過ぎるまで、執行を禁じられた。この間に、生まれてきた子はだれが養育するか、家族で決めた。この制度は公民にのみ適用された。召使(家人や婢など)は出産前後七日の暇を与えられただけだった。

特別の身分の者は、処刑の前に家族や友人と別れの挨拶を交わしたり、刑場まで馬で行くことができた。それどころか、反逆罪などの重罪犯でなければ、自宅での自害を認めた。この時代でも、他人の手にかかって死ぬのは、不名誉とされた。切腹の起源はこのあたりにあるのかもしれない。また、七位以上の役人は「斬」のみ公開。「絞」は非公開だった。

律令は中国からの〝輸入品〟である。中国にまねて、「禁殺期」(死刑執行禁止期間)と「禁殺日」(死刑執行禁止日)を設けていた。立春から秋分まで、陰陽道によれば「陽の気が漂っている」として、執行を禁じた。死刑執行は秋から冬に限られた。この期間でもつぎの「禁殺日」は、執行を禁じられた。

大祀＝新嘗祭《にいなめさい》。新嘗祭の祭事は、十一月初旬から約一カ月余り続いた。

斎日＝身を清めてものいみする日。毎月八日、十四日、十五日、二十三日、二十九日、三十日。

朔日と晦日＝朔日は、毎月一日。晦日は毎月最後の日。

上下弦の日＝月が半円形にみえる時期。月齢七〜八日頃の上弦と、月齢二十二、三日頃の下弦の日。

二十四節気＝太陽の黄経に従って一年は二十四の節気（季節）に等分される。「気」の日は毎月二日ある。

假日＝役人の休日。

「禁殺日」に執行すると、杖六十ないし八十。「禁殺期」の執行は、徒一年を科せられた。罰則までもうけて、死刑執行を禁止していたのに驚かされる。執行はしばしば遅れて、翌年回しにされた。再び「禁殺期」に入ってまた延期されるといったケースは、めずらしくなかったらしい。
現在、法はつぎの死刑執行禁止日をもうけている。
「大祭祝日、一月一日二日及ヒ十二月三十一日ニハ死刑ヲ執行セス《せず》」（監獄法第七十一条第二項）
前にも述べたように、監獄法は明治の法律である。天皇を絶対とする時代、「大祭」と呼ばれる天皇家の祭日（皇室祭祀）は、「血」で汚してはならなかったのである。

大祭

元始祭＝一月三日
春季皇霊祭＝春分の日
神武天皇祭＝四月三日
秋季皇霊祭＝秋分の日
神嘗祭＝十月十七日
新嘗祭＝十一月二十三日
先帝祭＝先代の天皇（平成天皇からみて、昭和天皇）の死亡した日

戦後、「神道分離指令」によって、国家と神道は分離され、皇室祭祀は、皇室の〝私的行事〟と位置づけられた。祝日法（正式名称は「国民の祝日に関する法律」）も制定され、「大祭」はなくなったのだが、前出の監獄法は、二十一世紀に到達したいまなお命脈を保っている。現在、拘置所職員の休日（土曜、日曜、祝日など公務員の休日に同じ）は、慣例として執行をやめている。執行が遅れて翌年送りにされたなどというケースは、聞いたことがない。

権力体制と刑罰

死刑執行を促す布告は、あまり役に立たなかった。さらに三年、八一八年、嵯峨天皇は「盗犯は犯行のいかんにかかわらず配所にすべし」と命じた。配所とは公部所（役所）へ連行して（これを「配す」

という）、労働に従事させることである。徒罪と同じくこんにちの懲役刑にあたる。役所に配すので「配役」とも言った。

盗みの罪で捕らえられた者は、罪（死罪、流罪、徒罪、杖罪、笞罪）のいかんにかかわらず、すべて配役とされた。盗犯に限られるといえ、死刑は正式に廃止された。こんにちでもそうだが、盗みは犯罪の大半を占めている。それだけに意義は大きいのだが、嵯峨は配役の年限を定めなかった。盗みを働いた者は一律に〝無期配役〟とした。

八二二年、このような不平等をなくすため、徒罪一年は半年の配役、徒罪二年以上は半年を引く。つまり、徒罪三年は二年半の配役となった。笞罪・杖罪は徒罪一年に換算し、流罪は六年、死罪は十五年の配役となった。これが他の犯罪に広げられ、死刑は廃止されたのである。「薬子の変」以降も、権力の座をめぐる「変」や「乱」は相次いだ。陰惨な暗殺や壮絶な殺し合いが、しばしばくり広げられた。死刑を廃止したといって、こんにち的な意味で生命を尊重したわけではない。人権意識のかけらもなかった。それなのにどうして、死刑を廃止できたのか？……。

さきに四つの理由を掲げておいたが、最大の要因は社会体制の変化である。それはひと言でいえば、律令制の崩壊である。土地の個人所有が認められて、律令制を支えていた班田に代わって、各地に「私田」がうまれた。私田には所有者の名が付けられた。名のある田、「名田」である。多くの名田を持つ者は「名主」と呼ばれた。

名主は中央の貴族や大寺社に土地を寄進して、公権力（天皇を中心とする朝廷）からの保護を求めた。彼らは領地の拡大をめざして、公領（国衙領）を土地で働く民とともに取り込んでいった。荘園の誕生である。貴族や大寺社は、公権力をしのぐ力をつけた。

九世紀初め、朝廷はこんにちの警察権と検察権を合わせ持つ検非違使を置いた。検非違使の捜査範囲は、畿内(現在の奈良、大阪、京都、和歌山のそれぞれ一部)周辺に限られた。荘園内の犯罪は、領主が裁いて罰した。刑罰は必然的に、「公刑」と「民刑」に二極分解した。「民刑」は領主による刑である。「私刑」というべきだが、リンチと誤解されかねないので「民刑」とした。

公領(国衙領)内で犯した犯罪には、「公刑」が適用された。「公刑」は主として肉刑だった。手や足を切り落としたり、耳や鼻を削ぐなど、律令にない刑罰がうまれた。肉刑とはマーキングである。ひと目で罪人とわかるようにしたのだ。江戸時代には入れ墨が多用された。

民刑の中でもっとも重い刑は、追放だった。罪人を出した家は、家族もろとも荘園から追い払われ、家は焼き払われた。一種の「清め」だった。古来、罪とは民族や地域を問わず、神および神の教えに背く行為とされた。罪とはまた穢《けが》れであり、宗教上の罪と犯罪は、明確に区別されていなかった。それればかりか、国津罪の「白人」や「胡久美」のように、身体障害すら罪とされた。罰にも宗教的な意味合いがこめられていた。罰は穢れを祓い清めるものと考えられたので、家屋は焼き払ったのである。

国家権力の弱体化は刑罰観を大きく変えた。これを裏返しにしたとき……つまり、国家権力が強まったとき、死刑は復活した。

荘園制を背景に武士が出現した。武士はいつ、どこで生まれたのか。歴史学者の意見は割れている。それを分析、検討していると、本書のテーマからはずれてしまう。独断的な解釈を許していただくなら、荘園領主は国家（朝廷）に対抗しようとして、武士軍団を育てたのではない。当初、もっぱら、自衛のためだった。武士に託された〝仕事〟は、スポンサーのガードである。荘園領主はすでに、武士軍団を養うだけの経済力をたくわえていた。

各地にうまれた武士軍団は、十世紀から十一世紀にかけて、中央貴族を頭目にあおいで結集していく。のちに政権を握る平氏と源氏も、武士軍団をバックにのし上がった。平氏は桓武天皇（在位・七八一年～八〇六年）を祖とし、源氏は清和天皇（在位・八五八年～八七六年）の流れをくむという。武士ですら天皇家とのつながりを誇示した。この時代、権力とはしょせん、天皇を頂点とする〝権力内権力〟でしかなかった。

一〇八六年、白河天皇は八歳の息子・善仁に位をゆずり、天皇を後見するとして院庁をもうけた。院政時代の始まりである。つぎの鳥羽天皇、後白河天皇もこれにならった。院庁の命令は、天皇の命令より権威があった。二つの命令が出るのだから、大混乱に陥った。天皇あっての院政なのに、天皇は〝飾りもの〟にすぎない。天皇個人はもとより、側近たちは不満をつのらせた。天皇制の矛盾がつくりだした院政は、あらたな権力闘争をよびおこした。死刑はその過程で〝復活〟した。

一一〇七年、堀河天皇（白河天皇の子）が死ぬと、白河はその息子の宗仁（鳥羽天皇）を即位させた。宗仁はわずか五歳だった。二十一歳のとき無理やり退位させて、こんどは鳥羽の息子、顕仁（崇徳天皇）を皇位につけた。彼も五歳だった。こうして幼い天皇が二代続いた。鳥羽は上皇となったが、政治の実権は相変わらず白河が握っていた。白河が世を去って（一一二九年）、ようやく鳥羽の時代が来た。

一一四一年、鳥羽は仏門へ入って法皇となった。同じ年、崇徳を退かせて弟の体仁(近衛天皇)を即位させた。崇徳と近衛は異母兄弟だった。近衛の母、藤原得子は「息子を皇位につけてほしい」と鳥羽にせがんで、近衛の即位を実現させた。崇徳は上皇になっても、力を発揮できなかった。「つぎはわが子の重仁を帝《みかど》にしよう」という思いはかなわなかった。

一一五五年、病弱だった近衛が死ぬ。鳥羽は、得子との間にうまれた娘を皇位につけようとした。関白の藤原忠通が猛反対した。そこで、崇徳の実弟、雁仁(後白河天皇)を即位させ、鳥羽と得子のあいだにできた守仁を皇太子にたてた。こんどこそ重仁を帝位にと期待していた崇徳は、またも裏切られた。鳥羽と崇徳の対立はいっそう深まった。摂関家においても、忠通と弟の頼長(左大臣)が権力を争っていた。朝廷の重臣たちはいつしか、天皇(後白河)側と上皇(崇徳)側とに分かれて、派閥を形成した。

一一五六年(保元元年)、鳥羽は病で倒れた。七月二日、崇徳は見舞いに行った。鳥羽は崇徳の父である。父の病気見舞いにもかかわらず、警護の武士は邸内へ通そうとしなかった。天皇側は崇徳を警戒していた。鳥羽亡きあと、頼長らと手を組んで皇位奪回をはかるのではないかと、源義朝や平清盛らの兵を集めて警護していたのである。父の見舞いもできず、崇徳は怒って引き上げた。その直後、鳥羽は息を引き取った。

上皇側の武士も「御所攻撃」をとなえた。〝相手〟は天皇だからと怖れなかった。武士にとって判断基準は、「相手は敵か味方か」だけ。天皇側の武士も同じである。「やられる前にやれ!」と、七月十一日、崇徳らが根城にしている白河殿へ攻め込んだ。歴史上初めて京の街が戦場と化した。この年は保元元年だったので、後の世の人びとは「保元の乱」と呼んだ。

　鳥羽の死からまだ十日と経たないうちに、父子・兄弟・叔父甥が二手に分かれ、それこそ血で血を洗う戦いをくり広げた。中心人物をあげよう。

	天皇側	上皇側	
皇室	後白河(弟)	崇徳(兄)	
藤原氏	忠通(兄)	頼長(弟)	兼長(頼長の子)
源氏	義朝(兄)	為義(父)	為朝(弟)
平氏	清盛(甥)	忠正(叔父)	

　上皇側は敗北した。頼長は流れ矢にあたって死に、崇徳はかろうじて逃亡した。仏門に帰依したが捕らえられて、四国の讃岐へ流された。流刑の地で後白河を憎み、呪いながら世を去った……江戸時代の作家、上田秋成は、『雨月物語』で推察している。為義、忠正、兼長らは斬刑、為朝らは流刑にされた。ここに、「薬子の変」以来三百四十七年ぶりに死刑は復活した。

　勝ち組(天皇側)は取り立てられた。少納言藤原通憲(信西)に目をかけられた平清盛は異例の出世をし、弟の頼盛、教盛らにいたるまで多大な恩賞をうけた。平氏にくらべて、源氏は報われなかった。義朝は父・為義の命乞いをしたが認められなかった。通憲は「死刑を復活させた影の人物」といわれている。

通憲は藤原南家の出身で、妻・朝子は後白河の乳母だった。後白河が即位すると同時に取り立てられた。和漢の故事に通ずる儒家であり、『法曹類林』の著がある。その豊富な知識をもとに、敗者の仮借なき処罰を天皇に進言したという。右大臣の雅定入道は死刑に反対した。作家の吉川英治は『痴人の言』の中で、雅定にこう語らせている。

「およそ、わが朝では、弘仁元年、仲成を死罪にした以外は、帝王二十六代、三百四十七年というもの、その長い間、死刑は一度も行っていません。四世紀も死刑なくしてすんでいた世の中を、また、死刑を行う忙しい世の中にしなくともよろしいでしょう。『人一殺をなせば、百殺つぎに生じて、百殺もなお足りず』とかいう古言もあります。もしいま、為義を死刑にしたら、必ず、源氏の縁類が末代までの恨みをふくみ、いつかその恨みを、世に現してくるでしょう。裁けば必ず裁かれん……おそろしい輪廻の約と、業の繰り返しではありますまいか」(要旨)

雅定の意見は採用されなかった。しかし、死刑は三百五十年もの長きにわたって執行されなかった事実を、重く受けとめている者がいた。いまはどうだろう。日本は死刑廃止先進国だったことすら、すっかり忘れられたのではあるまいか。

第五章　死刑廃止　ヨーロッパの経験

レディ・ジェーングレーの処刑

一九八〇年代までに、西ヨーロッパの各国はすべて死刑を廃止した。一般刑事事件については、スペインやポルトガルはすでに百年余り前に廃止している。両国は数百年にわたってイスラムの支配下におかれていた。スペイン南部にその〝痕跡〟がいまもはっきり残っている。観光地として有名なグラナダのアルハンブラ宮殿やセビリアのアルカサルは、イスラム王の居城だった。モスクだったコルドバのメスキータは、現在、キリスト教の教会として使われている。

スペイン、ポルトガル両国はレコンキスタ（イスラム教徒をイベリア半島から排斥する運動。一四九二年に完遂）を経て、熱心なキリスト教（カトリック）国となった。それは裏返せば、ヴァチカンに忠実ということだった。異端審問に血道をあげ、凄惨きわまりない方法で魔女を処刑した。

一四九二年といえば、コロンブスが西インド諸島へ到達した年である。スペイン女王のイサベルは、イタリア出身の航海者コロンブスを全面的に援助した。植民地獲得は、キリスト教の布教活動とそのまま重なっていた。よく知られているように、キリスト教を広めるため、現地人を強引に改宗させた。その過程で、現地の宗教施設を破壊し、残虐非道な殺戮がくり返された。

「キリスト教は愛の宗教」と言いながら、ヨーロッパでは血で血を洗う殺し合いを続けてきた。魔女裁判にみられるように、神の名において死刑を執行した。クリスチャンはモスリム(イスラム教徒)を指さして、「左手にコーラン、右手に剣」と評した。まったくのでっち上げで、キリスト教徒こそ左手に『バイブル』、右手に剣ならぬ銃を持って、南北アメリカからアフリカやアジア一帯へ攻めいった。このような血塗られた歴史を反面教師にしたのだろう。

ヨーロッパの国ぐには第二次大戦後、人権意識の高まりのなかで、死刑を廃止する。そうした情況を羅列しても、あまり意味がない。イギリスとフランスが死刑を廃止する経緯を追ってみよう。まったく異なる道筋を通って死刑廃止に至る両国の経験は、日本にとっても参考になろう。

イギリスの首都ロンドンは、過去の死刑について多くを語っている。ロンドン塔には実際に使われたギロチンが展示されているし、売店では、ギロチン以前の死刑執行具、斧と斬首台をあしらったアクセサリーを売っていた。

観光スポットの一つ、トラファルガー広場に面して建つナショナルギャラリーの一室に展示されている、十九世紀のフランス画家、ドラローシュの絵画『レディ・ジェーングレーの処刑』は、イギリスの死刑を考えるにあたって、忘れてはならない名作である。

ジェーングレーは、一五五四年、ヘンリー八世の死後、王室の権力争いの渦に巻き込まれて王位についた。「担《かつ》ぎだされた」というべきだろう。当時、彼女は十六歳だった。玉座に就いてわずか九日、正統王家のメアリー一世は、彼女を反逆者として捕らえて、処刑した。ドラローシュの絵は、処刑直前の情景を、見事なほどリアルに描いている。

絵の大きさは、縦横三メートル余り。壁の一面を埋め尽くしていて、圧倒されたのを覚えている。中央に真っ白の、襟の広く開いたドレスを着た若い女性。ジェーングレーである。目は白い布で覆われ、二本の手は手さぐりでもするように宙に浮き、司祭のような宗教服を着た男が、斜め後ろから支えて、彼女を床にひざまずかせようとしている。男はいわゆる教誨師なのだろう。プリースト（職業宗教家）は、死刑囚を死へ導く役割をはたしていた。

彼女の前に、黒光りのする鉄製の台が置いてある。これぞまさしく断頭台である。頭の三、四倍はあるだろうか。かなり大きい。断頭台の周辺にワラが敷いてある。ドラローシュはワラを一本一本丁寧に描いている。斬り落とされた首は床に転がり、切り口から溢れ出る血をワラに吸わせた。

画面の右側に、斧を手にした死刑執行人が立っている。彼は〝準備〟が整うのを――教誨師が死刑囚を断頭台の前にひざまずかせるのを――待っている。左側奥に、ジェーングレーの侍女がへたり込んでいる。気を失ったのか、壁にもたれかかっている。その手にネックレスが握られている。たったいままで、ジェーングレーが首にかけていたのだろう。

つぎの瞬間、ジェーングレーの首は床に転がり、あたり一面血に染まる。ドラローシュはそのような生々しい雰囲気まで伝えている。

この絵は、だれが描かせたのか。ドラローシュはフランス人である。招かれてやって来て、注文に応じて描いたのに違いない。注文したのは王室の人間か、それともブルジョアか。十八世紀に産業革命をはたしたイギリスには、十九世紀のこの時期、すでに多くの富裕層が育っていた。

注文主は、経済力のある死刑廃止論者だろう。死刑賛成論者がこんな絵を描かせたと思えない。いまにも首を斬り落とされようとしているのは、美しくて聡明な少女だけに、いっそう残酷なイメージを与える。『レ・ミゼラブル』の一節を思い出させる。

「断頭台を目撃しないかぎり、人は死刑について或る程度無関心でいられる。（中略）断頭台を一つでもみると、心の動揺が激しく、それにたいして賛否いずれかを決めなければならない。（中略）断頭台は法律の具体化であり、『刑罰』と呼ばれるものであり、中立ではなく、人に中立を許さない」

傍らの死刑執行人、教誨師や侍女も辛く、哀れだ。決して同じ立場に立ちたくない……視る者すべてにそう思わせる。

ロンドン塔は血塗られた建物である。塔内で何万人もが処刑された。ヘンリー八世は、王位に就いていた三十八年間（一五〇九年〜一五四七年）に、七万二千人を絞首したといわれている。単純平均して、毎年二千名近く処刑されていたことになる。

庭の一隅に、腰ほどの高さのコンクリート柱に、鉄の鎖を回した小さな囲いがある。傍らに、「SITE OF SCAFFOLD」（絞首場）の標識。いまはその面影すらないものの、ここで次つぎ首を括られた。

ヘンリー八世は多情な男だった。情婦は数知れず、離婚と再婚を六度くり返した。最初の王妃カサリンと離婚して、若い娘のアン・ブーリンと再婚した。イギリス国教会設立の契機となる大事件だった。単に離婚しただけでなく、姦通罪の名目でカサリンを処刑した。大騒ぎして結婚したアンも同じ運命をたどった。ヘンリー八世は、新しい愛人ができると、妻をやはり姦通罪で絞首にした。王妃となって三年の命だった彼女には、「一千日のアン」の異名がある。『ユートピア』の著者として知られるトーマス・モアも、ロンドン塔で生命を絶たれた。ヘンリー八世の死後、ロンドン塔は主として政治犯を拘禁するための牢獄として使われた。

『レディ・ジェーングレーの処刑』は、中世の暗い記憶を呼び起こすとともに、権力の犯罪を静かに告発している。このような作品を公立のギャラリーに展示して、だれにでも鑑賞させる。イギリスという国の自由な雰囲気が伝わってくる。

死刑廃止への道筋

イギリスが死刑を廃止したのは、戦後、一九六〇年代に入ってからである。しかし、十九世紀初頭、死刑廃止運動は早くも活発化していた。そのいっぽう、世界に先駆けて、被疑者(マスコミのいう容疑者)の人権をまもるシステムがつくられた。被疑者の取り調べに、弁護士の立ち会いを認めた。キリスト教の異端審問(魔女裁判)の影響をみないわけにいかない。

すでにレポートしたように、異端審問では、自白を唯一の証拠に魔女と断定した。自白へ追い込むために、残虐きわまりない拷問が横行した。イギリスには拷問を禁ずる法律があったにもかかわらず、何の役にも立たなかった。『犯罪と刑罰』の著者、チェーザレ・ベッカリーアのいうように、あいまいな法律は当局の好き勝手に解釈される。再び同じ過ちをくり返さないため、日本の刑事訴訟法(捜査と裁判の手続きを定めた法律)にあたる法律はない。それどころか、成文の憲法すらない。

法律で定めてなくとも、被疑者はいつでも……たとえ深夜でも……取り調べに弁護士の立ち会いを求められる。弁護士の立ち会いなしにつくられた自白調書は、証拠として採用しないことにした。

自白捜査の破綻は、科学捜査をうながした。これまで、被疑者を問い詰めて(ときに拷問を加えて)、自白に追い込めば〝よし〟とした。しかし、自白は証拠から排除され、被疑者は犯罪を企てたと、捜査当局は科学的に証明しなければならない。

陪審制も整備された。陪審員は従来、権力の恣意のままに選ばれた。いったん権力に目をつけられた者は、罪を逃れられない。トーマス・モアも陪審制のもとで、死刑を宣告されたのである。旧来の悪癖をなくすため、陪審員は一般市民のなかから無作為に選ばれるようになった。むずかしい法律論を振り回すのでなく、より具体的に、証拠にもとづいて犯行を立証しなければならない。陪審制もまた科学捜査を加速させた。

同じ模様の二つとない指紋は、犯罪捜査の現場でもっとも重視されている。その指紋に着目したのは、「お雇い外国人」の一人、イギリス人のヘンリー・フォーブスである。

一八七四年、外科医として来日したフォーブスは、東京・大森の貝塚遺跡から出土した土器に付着していた、指紋の跡に気づいた。たんねんに調べて、同じ指紋は二つとなく、犯罪捜査に役立つと、本国で発表(一八八〇年)。ロンドン警察で指紋の採取法などをさらに研究。十九世紀末、イギリスは世界に先駆けて、指紋を捜査に使う。〝素材〟は目の前にあったにもかかわらず、日本は活用できなかった。科学捜査という発想がなかったからである。

十九世紀初頭、イギリスの下院議員で法務次官(一八〇六〜七年)のサミエル・ロミリーは、死刑廃止を熱心に説く。二十世紀に入って三十年、彼の努力はようやく実を結ぶ。国会内に「死刑に関する特別委員会」がつくられ、恒常的に死刑廃止法案を提出する。認められないうちに、第二次大戦終結。戦後間もなく、「ティモシィー・エバンス事件」が起きる。ただの噂が大事件へと発展したのである。

エバンスの妻と子の姿が見えなくなった。近所の人たちは「エバンスが殺して、死体を遺棄したのだろう」と噂した。噂を聞きつけて、警察は捜査を開始した。証拠は何一つなかった。死体すらなかったが、殺人罪で逮捕した。

「妻は子どもを連れて、外国へ旅行しているんです」

エバンスは全面的に犯行を否認した。

「外国へ行ってるかどうか、出入国記録を調べれば簡単にわかるじゃないか」という人がいるかもしれない。イギリスは連邦国家である。連邦国は国内と同じように旅行できた。出入国記録は残らなかったのである。エバンスは起訴された。検事の熱弁に、陪審員は有罪の評決を下した。

一九四九年、エバンスは処刑された。その直後、彼の妻子は帰国した。取り調べに弁護士を立ち会わせ、科学捜査に重きを置くのは、無実の罪をきせないためである。「疑わしきは、被告人の利益に」

「百人の犯人を逃しても、一人の冤罪者をつくってはならない」と、人権先進国は冤罪防止につとめている。それでも、人間が裁くかぎり、過ちは避けられない。

この事件が契機になって、再び三たび死刑廃止論が強烈に噴出。一九五五年以降、死刑は無期に減刑されるようになった。実質的に、死刑は廃止されたのである。翌年、死刑廃止法案が下院を通過した。しかし、上院で否決される。戦争が終わってまだ十年、戦争責任を問う声は決しておとろえていなかった。

さらに十年、一九六四年八月、犯罪被害者を国で救済する制度(公的補償制度)を整え、三カ月後の十一月、戦時反逆罪を除いて死刑を廃止する法案が可決(翌年、施行)された。これは五年間の時限立法だったが、一九六九年十二月、死刑永久廃止法が成立する。千葉大学教授の斎藤静敬によれば、当時のウィルソン内閣は「死刑はなくとも法秩序は維持できる」と、死刑永久廃止法案を国会に提出。両院で認められたという(日本弁護士連合会機関紙『自由と正義』一九八二年十二月号)。

刑罰は従来、「目には目を、歯には歯を」を基調にしていた。同害報復。『旧約聖書』や『ハンムラビ法典』などの説く古い刑罰観である。近世に入って、犯罪者は処罰するのでなく更生させるべきとする刑罰観がうまれた。一般に、「教育刑」と呼ばれている。ドストエフスキーは『カラマゾフの兄弟』のなかで、修道院の長老に、

「(刑罰では)決して何人をも匡正(矯正)することは出来ませんじゃ。(中略)犯人を匡正して別人のようにするものが何かあるとすれば、それはやはり自己の良心に含まれたキリストの掟にほかならぬ」と、語らせていた。

教育刑は、犯罪者を〝矯正〟するシステムである。どんなに極悪非道な犯罪者も、罪を悔い改めて更生につとめれば再生できる、と考えられた。教育刑の対極にあるのが死刑である。「矯正の対象になるのはコソ泥まで。凶悪犯はお断り」というなら、教育の敗北を物語るだけである。死刑制度が存

在するかぎり、教育刑は単なる理念でしかない。

死刑を廃止するには、犯罪被害者にも目をむけなければならない。いささか極論めいた言い方をすれば、捜査当局はこれまで、「犯罪被害者は、犯罪を立証するための証人」ぐらいにしかみていなかった。性的被害を受けた女性に、いかつい刑事が「男に何をされたのだ」と尋問口調で事情聴取した。被害者に対する配慮は、いっさいなされなかった。

殺人事件において、死体は重要な証拠である。死体をたんねんに調べると、凶器から犯行時間、犯行の態様(犯行はどのようになされたか)まで、ある程度あきらかになる。

優れた捜査術によって犯人が逮捕されたとして、愛する家族を失った遺族にとって、いったい何になろう。彼らの哀しみは、あまりに深い。犯人が捕らえられ、処刑されようと、消えるものではない。現実的な問題として、家計の担い手が殺されたら、家族は路頭に迷いかねない。その裏返しとして、犯人に対する怒りや恨みをいっそうつのらせる。被害者感情は、いっぽうで死刑制度を支えてきた。

イギリスでは死刑を廃止するにあたって真っ先に、公的補償制度を設けた。被害者を経済的、精神的にサポートする体制を整えたのである。当時、世界に例のないシステムだった。日本は二十年余り遅れて、犯罪被害者給付金制度を導入した。後述するように、支給額はイギリスと比較しようもなく低い。ばかりでなく、当の被害者にとってきわめて使いにくく、精神面のケアはほとんどなされなかった。

前置きはこのくらいにして、イギリスの被害者補償制度をみよう。

被害者の救済

万一、犯罪にあったばあい、被害者(いちいち断らないけれども、被害者の家族や遺族を含む)は国からどんなサービスを受けられるのか?——だれもが抱く単純素朴な疑問に、イギリス政府は、『被害者憲章』(THE VICTIM'S CHARTER)で簡明に答えている。

『被害者憲章』は、B五判、約二十ページの小さなパンフレットである。イギリス国内なら、政府系のインフォメーションサービスセンターや、警察でもらえる。国外でも手に入るのだろうか。一九九〇年代半ば、試みに、駐日イギリス大使館へ問い合わせた。大使館にはなかった。国内で使うのだから、やむを得ない。発行元の内務省へ直接尋ねてほしいと、係官は担当部署のアドレスを教えてくれた。手紙を出すと、関連資料とともに折り返し送られてきた。以下、便宜的に十項目にまとめて、大まかな内容を紹介しよう。

犯罪被害者やその家族は警察へ届け出ると、つぎのサービスを受けられる。

①担当の警察官は氏名、部署・役職名、専用の電話番号をあなたに告げます。
②性的犯罪ならびに子どもの事件は、特別に訓練を受けた同性の警察官が担当します。
③担当の警察官はあなたに『被害者憲章』を渡します。
④あなたが望むなら、届け出があってから二勤務日以内に捜査データを送り、以降も捜査状況を逐

一報告します。

⑤担当の警察官は、犯罪被害者をサポートする公的、あるいは、私的のボランティア組織があることをあなたに伝えて、連絡をとってほしいかどうか尋ねます。彼らのサポートを望むなら、四勤務日以内にあなたの希望する方法(手紙、電話、面談)でボランティアがあなたとコンタクトを取れるようにします。

⑥加害者が保釈されるばあい、あらかじめ連絡します。あなたが望むなら、検察官の説明を求めることができます。

⑦身柄を拘禁されている加害者があなたの望まない電話をかけてきたとき、「ヘルプ・テレホンサービス」(電話番号も記入されている)は、二十四時間いつでも相談に応じます。

⑧裁判の仕組みやその進行について知りたい方は、事前に説明を受け、法廷内を見学することができます。

⑨裁判を傍聴したければ、あなたと家族や友人のために傍聴席を用意します。

⑩各警察署は、犯罪被害者補償金(公的補償金)の申込用紙を備えています。担当の警察官はあなたに申込用紙を渡します。公的補償金は裁判所の命令で出るのですが、担当の警察官ならびに警察は、裁判所の命令が出るようにあなたをサポートします。

日本と比較しながらみていこう。あまりに異なるので、比べることじたいナンセンスだが、両国の違いを確認することで、日本の犯罪被害者救済制度はいかに遅れているか、よくわかる。

日本の警察は、①に該当する実務的なことすらきちんと実行していない。捜査担当の警察官は被害者に、部署や役職名、専用の電話番号などを告げるかもしれないが、イギリスのように、「担当の警察官は氏名、部署・役職名、専用の電話番号をあなたに告げます」と、公表はしていない。告げてもげなくともよいのである。「ささいな違い」などといわないでいただきたい。ここには国情の違いまで現れている。つぎの二つに要約しよう。

一つは、情報公開の問題。イギリスに限らず人権先進国は、情報公開に徹している。民主主義。国の主人たる民に、政府の抱えている情報を隠す理由はない。情報公開は、日本のもっとも遅れている分野である。

もう一つは、犯罪捜査のあり方。日本の警察は、犯罪の摘発と犯人の検挙を最優先させている。従来、被害者にいかなる配慮も払わなかった。さきに、セクシャル・ハラスメントの捜査を例に挙げた。性的被害者は訴え出ることで、またいたぶられる。二重に被害を受ける。多くの女性が泣き寝入りした。一九九〇年代後半ようやく、女性の警官が事情聴取するようになった。

イギリスの警察は、『被害者憲章』を広く配付している③。一読すれば、犯罪被害にあったとき、国からどんなサービスを受けられるか、大まかにつかめる。日本には『被害者憲章』に類するものはない。捜査状況を被害者へ報告④する義務は、日本の警察にはない。なかには親切な警察官がいて、事件の動きを知らせるかもしれないが、知らせなくともよいのである。

社会的に注目を集めた事件で被疑者を逮捕すると、警察は被害者宅へ報告に出向いたりする。マスコミを意識したパフォーマンス、といわなければならない。

二〇〇〇年代に入って、いわゆる犯罪被害者救済法ができた。特別の事情があるばあい、被害者は、捜査記録の開示を捜査当局に求められるようになった。特別の事情とは、甲に殺害された乙の遺族が、逮捕・起訴された甲に損害賠償請求訴訟を起こすといったケースが考えられる。これも情報公開の問題である。④であきらかなように、イギリスにはとうに、捜査情報を被害者に伝えるシステムができている。

犯罪被害者のバックアップ・システム

『被害者憲章』は、犯罪被害者を精神的にサポートするためにつくられた。万一犯罪被害にあったとき、国は援助の手を差し伸べてくれると知っているだけで、ある種の安心感がただよう。適切な例ではないかもしれないが、海外へ遊びに出かけるのに、旅行保険をかけるようなものである。愛する者の命を奪われた被害者は、怒りや哀しみをだれかに聞いてもらうだけで、幾分かでも心安らぐという。

⑤はその一つである。捜査担当の警察官は、犯罪被害者をサポートするボランティア組織があると被害者に伝えて、「連絡をとってほしいか」と尋ねる。答えがイエスなら、連絡方法を確認する。哀しみのさなか、会ったこともない人にいきなり訪ねられるのは、かえって迷惑かもしれない。警察は三種類（手紙、電話、面談）の連絡方法を示して、好きなのを選ばせる。

警察が被害者とボランティア・グループの〝中継ぎ〟をしているのに、わたしは単純に驚かされた。

日本ではとうてい考えられない。「官」と「民」は完全に一線を画している。

イギリスでは、むしろ逆なのだろう。ボランティアの歴史は、十八世紀までさかのぼる。当時、いわゆる有閑層の慈善事業だった。現在、多くの市民がかかわっている。イングランドでたまたま同じ列車に乗り合わせた人と雑談するうち、

「きみは日本でどんなボランティア活動をしているの?」

と訊かれて、とまどったのを覚えている。

「官」は日本の「お上」でなく、市民に仕える公僕なのである。ボランティアはこうした伝統と市民意識にささえられている。上からの命令だけでは根づかない。

イギリスのボランティア・グループは、政府から財政援助を受けているグループ(公的組織)と、受けていないグループ(私的組織)の二つにわけられる。スコットランドを除くイギリス全土に、二つ合わせて約四百のグループがあり、七百名の有給職員と一万二千人のボランティアが活躍している。彼らは被害者を慰め励まし、あるときは、ともに泣き、ともに祈り、被害者を精神的にサポートしている。

スコットランドにボランティア・グループはないのではなく、この数字に含まれていない。地元の人に言わせれば、イングランドとスコットランドは別の国である。イングランドの資料に、スコットランドの情報は入っていない。

⑥加害者の保釈、⑦加害者に脅迫されたときの対策も、犯罪捜査のあり方とかかわっている。

日本では、逮捕された被疑者は通常、二十三日間警察の留置場へ拘禁され、たった一人で取り調べ

られる。逮捕・起訴をくり返すと、拘禁期間は半ば際限なく延びていく。四カ月、五カ月はさほどめずらしくない。欧米では、被疑者は警察に長期間拘禁されることはない。国や地域によって異なるけれども、ふつう、二十四時間から三十六時間、長くて七十二時間ていどに制限されている。この期間を過ぎて、一定の要件を満たすと、原則として保釈される。

日本では、強盗、放火、殺人など重大事件の被疑者・被告人は、原則として保釈されない。例外は、拘禁中に治療困難なほど重い病気にかかったり、裁判が最終段階まですすんで、裁判官が無罪の心証をかためたといった、ごく特殊なケースに限られる。

保釈が決まると、イギリスでは担当の警察官が⑥にみるように、いち早く被害者に連絡する。警察からの連絡に納得できなければ、捜査の最高責任者である検察官に説明を求められる。

⑦の「身柄を拘禁されている加害者」とは、監獄(拘禁機関)に収容されている加害者。加害者は身元引受人がいない、保釈金を払えないなど保釈要件に欠けるか、受刑者として収容されているケースを除いて、拘禁を解かれる。

欧米の監獄には、被拘禁者専用の公衆電話がある。無罪の推定を受けている被疑者・被告人はもちろん、刑の確定した受刑者や死刑囚も自由に使える。電話代がなければ、コレクト・コールでかけられる。文通や面会もできる。外部交通は被拘禁者の権利として保障されている。

彼らのなかには、被害者宅へ心ない電話をかける者もいる。監獄当局は、被拘禁者の外部交通権を守るとともに、被害者をサポートする体制を整えている。「ヘルプ・テレホンサービス」はその一つである。係員が二十四時間待機していて、いつでも被害者の相談に応じている。

日本の監獄には、被拘禁者の使える電話はない。被疑者・被告人の文通や面会は大幅に制限されている。日本は被拘禁者の外部交通権を剝奪することで、被害者のもとへ心ない電話をかけるなどの〝事後トラブル〟を防いでいる。日本はもっとも〝手〟のかからない方法をとっている。

〝手抜き〟は、裁判所も同じ。日本の裁判所は、⑧にみられる裁判の事前説明や法廷内の見学は許可しない。二〇〇〇年代に入ってようやく、被害者家族に傍聴席を用意するようになった。イギリスと違って、友人用の席はない。

⑩は公的補償金をもらうための手続きである。イギリスでは、「公的補償金を支給してほしい」と裁判所へ申し込む。裁判所が審査して「受給資格あり」と判断すれば、支給する。

『被害者憲章』には、公的補償金の申込用紙は各警察署においてあること、担当の警察官が公的補償金をすみやかにもらえるように、被害者をサポートする旨記されている。

補償の対象となるのは、一部の家庭内暴力を除いた肉体的、精神的被害のすべて。支給額は、被害の程度(レベル)による。身体の各部位に加えられた被害を二十五レベル、およそ二百項目にわけて詳細に規定している。一九九六年四月から実施されている支給額のうち、いくつか紹介しよう。

死亡=レベル二十五(二十五万ポンド)
四肢の麻痺=レベル二十五(二十五万ポンド)
体表の二五パーセント以上のやけど=レベル十九(三万ポンド)
軽度のやけど=レベル三(千五百ポンド)

永久的な聴覚傷害＝レベル十五（一万五千ポンド）
首の傷害（要六〜十三週間にわたる固定治療）＝レベル一（千ポンド）
歯根の治療を要する歯へのダメージ＝レベル一（千ポンド）

一ポンド＝百八十円で換算すると、最高レベルの被害者（または、遺族）に四千五百万円支給される。これだけあれば、不幸にして家計の担い手が被害にあっても、あとに遺された家族は、当面、生活に困らない。

イギリスでは、公的補償金とボランティア費用を合わせた犯罪被害者の救済に、年間約一億五千万ポンド（二百七十億円）費やしている。犯罪被害者を経済的、精神的にバックアップする体制を整えたうえで、死刑廃止に踏み切ったのである。

犯罪被害者救済・日本の制度

日本の犯罪被害者給付金制度は、欧米の公的補償制度と外見はよく似ている。

一九六〇年代から七〇年代にかけて、世界各国は公的補償制度を整えた。日本でも「犯罪被害者とその遺族は、国で救済すべきだ」との声があがり、七〇年代末ようやく、犯罪被害者等給付金支給法を制定した（施行・一九八一年一月一日）。この法律によって、犯罪被害者の遺族に遺族給付金を与え、心身に重大な障害を負った被害者に障害給付金の〝受給資格〟が与えられた。

給付金を受給するには、犯罪被害を受けてから二年以内（犯罪発生後七年以内）に、最寄りの都道府県公安委員会（以下、公安委員会）へ、申請しなければならない。この期間を過ぎると、請求権は時効によって消滅する。

被害者が申請すると、公安委員会は事案の内容を調査して、支給の是非ならびに支給額を決める。法律用語で「裁定」する。イギリスのように第三者機関（裁判所）でなく、捜査当局に近い一行政機関（公安委員会）に裁定を託している。支給額はあきらかにされていないうえに、犯罪被害を受けても、つぎのいずれかに該当するばあい、給付金は支給されないか、削減される。

a 被害者と加害者はともに親族

b 被害者が犯罪行為を誘発したとき

c 被害者にも責任があるとき

d 社会通念にてらして問題があるとき

a以外は、すべてあいまいである。つぎの事件は、bないしcに該当するのだろうか。

何人かの若者たちが、路上で若い女性をからかっていた。しつこく付きまとい、口汚い言葉を浴びせかける。一人の中年男性が見るに見かねて「君たち、いい加減にしないか」と、注意した。

「何をっ！」

言うより早く、男性の眉間に鉄拳が食い込んだ。若者たちは殴る蹴るの暴行を加えて逃走した。瀕死の重傷を負って救急病院へ運ばれた男性はまもなく息絶えた――。

見方によっては、彼はbの「犯罪行為を誘発した」といえなくない。かかわり合いにならなければ、被害を受けなかったのはたしかである。あるいは、cの「被害者にも責任がある」にあたるのか。つぎのような事件が起きている。

同じように、若い女性が若者たちにからかわれていた。みかねた通行人が若者たちを撃退した。彼は暴行罪で逮捕・起訴され、裁判で有罪になった。彼の行為は正当防衛と認められず、「刑事責任あり」とされた。

当局は判断基準をいっさいあきらかにしていないので、理論上はどのような解釈も可能である。dの「社会通念」にいたっては、基準などあるわけがない。公安委員会は警察に直結した機関だけに、警察の恣意が働きやすい。過去の例をみると、「豊田商事・会長刺殺事件」はdに該当するとして、遺族給付金は支給されなかった。

「豊田商事事件」そのものは、一九八〇年代初頭におきた、一種の詐欺事件である。

豊田商事は、「純金ファミリー証券」を売り出した。純金を購入して豊田商事に預けておくと、年一割～一割五分の利息をつけるとの〝触れ込み〟で、純金の金額を記した「証券」を渡した。客が「証券」を持参したばあい、豊田商事が約束どおり利息を支払い、見合った金額で買い取るなら、トラブルにならなかった。利子は払わず、買い取りには応じない。言葉巧みに「証券」を売りつけられたお年寄りを中心に、被害者が続出した。強引なセールスで集められた金は、総額二千億円に達するといわれた。

大阪府警が詐欺容疑で捜査していたさなかの一九八五年六月十八日、豊田商事会長の永野一男(当時三十二歳)は、大阪市北区の自宅マンションで、二人の暴漢に刺殺された。この日、永野宅の周辺に三十人ほどの報道関係者が詰めかけていた。捜査はすでに最終段階にさしかかっていた。永野にも捜査のメスが入ると、待機していたのである。報道陣の前で繰り広げられた惨劇はテレビで報道され、当時、大きな反響を呼んだ。

事件から二年近く経った一九八七年六月、永野の妻と二人の子は、大阪公安委員会へ遺族給付金を申請した。大阪公安委員会は、「(豊田事件の)被害者や一般市民の気持ちを逆なでするおそれが強く、社会通念にてらして問題がある」との理由で支給しなかった。「社会通念」というあいまいな規定で、罪のない妻や子どもまで裁かれたのである。

当局の恣意に左右される被害者救済制度

犯罪被害にあったばあい、給付金はいったいいくら支給されるのか。支給額も明確でない。法律上の決まりもわかりにくい。それを理解していただくために、給付額を定めた犯罪被害者等給付金支給法第九条を掲げよう。

「犯罪被害者等給付金の額は、政令で定めるところにより算定する給付基礎額に、遺族給付金にあっては遺族の生計維持の状況を勘案し、障害給付金にあっては障害の程度を基準として政令で定める倍数を乗じて得た額(遺族給付金の支給を受けるべき遺族が二人以上あるときは、その人数で除した額)とする」(かっこ内も原文)

何度読み返しても、支給額の見当さえつかない。

わたしが問題にしたいのは、法律文の難しさではない。万一犯罪被害にあったばあい、犯罪被害者補償制度として役に立つのか。この制度は犯罪被害者にとっていかに使いにくいか、四つにわけて検討しよう。

第一点。給付額は政令で別に定める給付基礎額にもとづいて計算される。政令の語源は、「政」治上の命「令」。法律ではないので、国会で審議することなく、行政機関は独自に（勝手に？）決められる。しかも、政令は一般市民の目につきにくい。法律は『六法全書』に載っている。政令はどうしたら手に入るのか。関心のある方は、ぜひ調べていただきたい。

第二点。遺族給付金は、「遺族の生計維持の状況を勘案し」て支給される（前出・犯罪被害者等給付金支給法）。生計維持にかかわらない子どもやリタイアした老人は被害にあっても、一円も支給されないかもしれないのである。

第三点。政令は、給付金の算出方法の〝大枠〟を定めるにとどまる。給付金の基礎額は、施行令で別に規定している。こころみに、施行令第四条を原文のまま読んでいただこう。冒頭の「法」は、犯罪被害者等給付金支給法をさしている。

「法第九条の政令で定めるところにより算定する給付基礎額は、被害者がその勤労に基づいて通常得ていた収入の日額（労働基準法（昭和二十二年法第四九号）第九条の労働者にあって犯罪行為が行われた日を基準として同法第十二条に規定する平均賃金の例により都道府県公安委員会が定める額とし、その他の者にあっては犯罪行為が行われた日以前一年間における収入で勤労に基づくものの総額を基礎として国家公安委員会規定で定める方法により算定した一日当たりの額とする。）に、遺族給付金の場合にあっては百分の七十を、障害給付金の場合にあっては百分の八十をそれぞれ乗じて得た額とする。ただし、その額が犯罪行為の行われた時における被害者の年齢に応じて別表二に定める最高額を超え、又は最低額に満たないときは、それぞれ、その最高額又は最低額を給付基礎額とする」(かっこ内も原文)

給付額を調べるにはさらに、労働基準法や国家公安委員会規定などにあたらなければならない。そこまで踏み込むまでもあるまい。死亡ないし被害を受けた部位によって補償額を定めているイギリスの制度は、はるかにわかりやすい。

第四点。犯罪被害者給付金制度がつくられて二十年余り経つけれども、いまだにあまり知られていないのではないか。政府はこの間、ほとんど広報活動をしていない。イギリスの『被害者憲章』に類するものはなく、知らなくてあたりまえである。

犯罪被害者給付金制度がもっとも注目を集めたのは、オウム真理教事件の一つ、「松本サリン事件」が起きたときだった。一九九四年六月、オウム真理教の一部信者は、長野県松本市で猛毒のサリンを散布した。死者六名を含めて被害者は数百名に達した。連日連夜、関連報道で賑わうなか、「被害者に犯罪被害者給付金が出るはずだ」との声があがった。いまもみたように、支給額の見当もつかない。マスコミに追及されて、当局は、遺族給付金は最高一千七十九万円、障害給付金は同じく一千二百七十万円と発表した。

交通事故にあっても、「遺族の生計維持の状況」など勘案せずに、自賠責保険金は最高三千万円まで支払われる。遺族給付金はほぼ三分の一である。障害給付金はわずかに多いものの、自賠責保険の半分に満たない。イギリスの被害者補償金の四分の一以下である。

制度の普及は遅れ、支給額は少なく、その上、申請手続きは煩雑とあって、給付金の申請者は少ない。『犯罪白書』によれば、「松本サリン事件」が起きた年（一九九四年）、犯罪行為による死者は一千三百五十九人、全治一カ月以上の重傷者は二千百二十七人に達している。合計三千四百八十六人のうち、申請したのは、たった二百十六人（約七パーセント）しかいない。

同じくこの年の受給者は、わずか二百三十五人だった。公安委員会へ申請してから裁定が下るまで、相当の日数がかかる。一九九四年以前の申請者も含まれている。個々の被害者（遺族）への支給額はあきらかにされていないが、総支給額は五億二千七百万円だった。単純平均すると、一人二百二十四万円である（前掲『犯罪白書』）。家族の生活費どころか、葬式代にも満たない。加害者に相応の罰が加えられなければ、遺族はとうてい納得できないだろう。被害者救済制度の不備も、死刑制度を〝下支え〟している。

フランスの経験

つぎに、フランスの経験をみよう。

フランスは世界に先駆けて、市民革命に成功した。ベッカリーアの『犯罪と刑罰』に従って刑事訴訟法を制定し、刑罰制度を全面的に見直した。十九世紀半ば、いわゆる二月革命によって成立した第二共和国は、「自由・平等・博愛」をスローガンに、一八四八年十一月四日、共和国憲法を制定する。その前文は、「神の面前で、およびフランス人民の名において、国民議会は、つぎのように声明する」

と、はじまる。神は断固として存在する。宗教（キリスト教）を度外視して、民主主義すら成り立たない。

同第五条は、「死刑は、政治的事件に関しては廃止される」と定めている（高木八尺他編著『人権宣言集』岩波書店）。十九世紀半ば、日本はまだ江戸時代、政治犯には死刑を科さないことにした。それにもかかわらず、全面廃止に至るまで、さらに百三十年余り待たなければならなかった。

第二次大戦後、一九六〇年代から七〇年代にかけて、イギリスはじめ多くの国ぐにが死刑を廃止した。フランスは「残された一国」だった。そうしたさなかの一九七七年、フランスの神父ジャン・トゥーラは、『死刑を問う』を著した。日本語版（戸口民也訳、三一書房）はざっと三百ページ。簡単に紹介しようがない。あえてひと言でいえば、〈死刑を問う旅〉と要約できる。トゥーラは、「死刑とは何か？」と各地を訪ね歩く。死刑賛成論者、反対論者。死刑廃止国、存置国に足を運び、実情を詳細に報告している。

現代に至って、フランスでもっとも鮮明に死刑廃止を打ち出したのは、プロテスタント教会だった。一九六三年、フランス・プロテスタント同盟はつぎのように宣言している。

フランス・プロテスタント同盟評議会は、死刑に対しては神学的にも次の理由から大きな疑問があると考える。

一、人の死の時を定めるのは人間のなすべきことではない。

二、たとえどれほど罪深い人間であったとしても、イエスはその人たちのためにも死なれたのであって、神が罪人に与えられた忍従と悔悛の時をその人から奪うべきではない。

三、人間の裁きには限界があって、あとになっては改めようのないことを決定してはならず、それは神の審判にのみ委ねるべきである。

犯罪発生率は、死刑実施の有無によって異なるとは思えない旨を確認する。〈政治裁判〉において死刑に訴えることは、フランスの法律上の伝統に反するうえに、復讐の一形態であるとの疑いを免れることはできないということを、改めて喚起するものである。

「フランスの法律上の伝統」は、前出の一八四八年制定の第二共和国憲法をさしている。一八七〇年、第三共和国誕生。第二共和国憲法は葬られたが、政治犯は処刑しないと規定した事実は、永遠に消えない。

一九七〇年代、フランスの死刑廃止運動は活発化した。トゥーラによれば、凶悪犯罪が横行したからである。凶悪犯罪は、死刑賛成論者の声を高める。どこの国でも同じである。オウム真理教事件のあと、「人権派」といわれる弁護士まで賛成論者に加わった。「坂本弁護士一家拉致・殺人事件」にみられるように、仲間が残虐非道な方法で殺害された。オウム真理教、とくに元教祖の麻原彰晃に怒りや憎しみを抱く気持ちはよくわかる。それにしても、日本の人権意識、人権感覚の底の浅さを見せつけた。

フランスの死刑廃止論者は賛成論者に負けていなかった。賛成論者の声をバネにして、いっそう熱心に廃止論を説いた。「アンリ事件」でもそうだった。パトリック・アンリは残虐な方法で、何人も殺害した。弁護人のロベール・バタンテールの事務所や自宅へ、毎日のように脅迫状が届けられた。脅迫電話は鳴りっぱなしだった。「パトリック・アンリは凶悪犯だ。アンリを弁護するお前はもっと凶悪だ。殺してやる」。

バタンテールは脅迫にめげず、「アンリを死刑にしてはならない」と、法廷で陪審員に向かって熱弁をふるった。前述したように、フランス刑法は、日本の刑法のように〝大まか〟ではない。殺人罪に該当する条項だけで、何十項目にもわかれている。アンリは死刑該当事件として起訴された。陪審員が「有罪」の評決を下すと、死刑に処せられる。バタンテールは、「あなた方がアンリを殺すのだ」と、陪審員に迫った。死刑とは何か、バタンテールはとうとうと説いた。熱心な訴えが実って、アンリは死刑をまぬがれた。「死刑を裁いた裁判」と、世間は噂した。

一九八一年、フランス社会党のミッテランは、死刑廃止を公約に掲げて、大統領選に立候補した。トゥーラの『死刑を問う』が直接の引き金になったといわれている。大統領に当選したミッテランは、バタンテールを法務大臣に迎えて、公約をはたした。フランス革命から二百年の時を経てようやく、死刑にストップがかけられた。

死刑を廃止するにあたって、終身刑を導入すべきだとの意見が沸騰した。生命を絶つ代わりに、監獄へ終身拘禁しておこうというのである。トゥーラは、「死刑はいっぺんに生命を絶つ刑であり、終身刑は時に何十年もかけて、じわじわと生命を絶つ刑だ」と、真っ向から反対した。フランス政府はトゥーラの意見をいれて、最高刑を懲役二十五年とした。

第六章　宗教は死刑制度を変えられるか

三つのキーワード

宗教は死刑制度を変えられるか？……本書最大のクエスチョンである。いまだに死刑制度を維持するアメリカと日本を念頭において、この疑問を追うことにしよう。

アメリカ・死刑・宗教の三つをキーワードにしたとき、わたしは真っ先に、一本のアメリカ映画を思い出す。一本は、カトリック教会のシスター(日本では一般に「修道女」と訳されている)、ヘレン・プレジャンの自伝を映画化した『デッドマン・ウォーキング』(監督ティム・ロビンス)である。この映画は、一九九六年、日本で上映されて話題を集めた。同じタイトルで日本語版(中神由起子訳、徳間文庫)も出版されている。

ヘレン・プレジャンは死刑に反対する市民グループの招きで、たびたび来日した。アメリカで長く死刑廃止運動にかかわっている彼女の熱のこもった演説は、多くの市民に感銘を与えた。『デッドマン・ウォーキング』は、死刑囚処遇の問題と併せて、のちにあらためて取り上げたい。

アメリカの宗教といえば、メイフラワー号を思い浮かべる読者が多いのではあるまいか。十六世紀、イギリスはローマ（ヴァチカン）に対抗して、イギリス国教会をつくった。ヴァチカンから〝独立〟したものの、ローマの制度や儀式、慣習をそのまま引きずっていた。これに飽き足らない人たちが数多くいた。

ちょうど同じ時期、フランス生まれの宗教改革家カルヴァンが、スイスのジュネーブを中心に、宗教改革に取り組んでいた。イギリスにもカルヴァンの影響を受けた人びとがいた。彼らはローマの制度や儀式の廃止を求め、着飾ってダンスに興ずる人びとを非難した。厳格な道徳に従うべきだと説く彼らは、「ピューリタン」と呼ばれた。日本ではご存じのように、「清教徒」と訳されている。彼らの実態をみごとにとらえた名訳である。

一六〇三年、王位に就いたジェームズ一世は、ピューリタンを弾圧した。一部はオランダなどへ逃亡した。その後、一六二〇年、彼らは安住の地を求めて、メイフラワー号でアメリカをめざした。アメリカ大陸の東海岸へ無事到着した彼らは、上陸地点に、故国で最後に見た港の名をとって、プリマスと名づけた。このエピソードはアメリカ開拓史の一断面として、中学や高校の教科書に載っている。文部省（現・文部科学省）は従来、宗教教育に熱心でなく、〝宗教事件〟とはとらえなかった。

ピューリタンに限らず、キリスト教のあらゆる宗派がアメリカへ渡った。カトリック、プロテスタントともに、アメリカで〝覇〟を競った。「新天地を求めた」と形容されるピューリタンの渡米も、ネイティブ・アメリカンにとって侵略に他ならない。こうした事実に目をつぶるなら、建国以前のアメリカは、宗教家にとっても新天地だった。「ローマの儀式は廃止しろ」「着飾ってダンスするのは退廃的でけしからん」「成人してから再び洗礼を受けるべきだ」……何を唱えようと、迫害される心配はなかった。現実問題として、アメリカへ移住したばかりの彼らは、着飾ってダンスしているゆとりはなかった。成人してからあらためて洗礼を望むなら、そうすればよい。旧来の宗教的慣習にとらわれず、自由に生きられた。このような土地柄のなかで、新しい宗派が次つぎうまれた。

たとえば、再洗礼派はアメリカへ渡ってバプテスト教会となった。バプテスト教会から、『バイブル』の教えに徹しようとするメノナイト派が誕生した。このメノナイト派を〝母体〟として、「信仰を貫くには、国家との関係をも絶たなければならない」とするアーミッシュが派生した。

モルモン教やものみの塔など、まったく新しい教団も次つぎ出現した。これらの教団はいまだに、新興宗教の一派とみられている。その評価はさておくとして、新しい宗派や教団は総じてストイックで、信仰心に満ちている。

キリスト教以外の宗教も、海を越えてアメリカへやって来た。アメリカは宗教にとっても〝開拓地〟だった。

もう一本の映画は、ハリウッド女優のスーザン・ヘイワードが熱演した、『私は死にたくない』(監督ロバート・ワイズ、一九五八年製作)である。前出の『デッドマン・ウォーキング』と同じく、実話にもとづいている。

一九五二年、アメリカ・カリフォルニア州で独り暮らしの老婦人が殺され、近くに住む主婦のバーバラ・グレアムが疑われた。彼女はやがて、逮捕された。被告人として法廷に立った彼女は無罪を訴えた。陪審員は検察官の主張に耳を傾けて、有罪の評決を下した。判決は死刑だった。死刑を執行されたあと、バーバラ・グレアムの無実が判明する。この事件を映画化したのが、『私は死にたくない』だった。タイトルにたがわず、刑場がたびたび映し出された。印象に残っているシーンが二つある。

一つは、電話である。電話はアメリカの死刑制度をとらえるうえで、重要な役割をはたしている。アメリカでは、裁判官が死刑執行日を決める。日米両国の、死刑制度の根本的な違いがここにある。裁判官は公開の法廷で、死刑判決と併せて死刑執行日を、被告人に申し渡す。たとえば、「三月一日、○○刑務所において被告人を処刑する」といった具合に。通常、判決から一、二カ月先を執行日に指定する。

弁護人はこの日を目標に、上訴や再審、恩赦などの手続きをすすめる。請求は認められないまま、いよいよ当日を迎えたとしよう。家族は執行の十~三十分前まで、死刑囚とともに過ごすことができる。刑場の周辺に死刑に反対する人びとが集まって抗議したり、祈ったり、また、死刑賛成派は気勢をあげたりする。このようなシーンは、『私は死にたくない』には描かれていない。一九五〇年代後半、死刑廃止運動はまだ活発化していなかったのか。

裁判所の決めた執行日に合わせて、刑務所サイドは執行の準備を整えていく。いよいよ当日、最終準備段階に入ると、真っ先に、長いコードのついた電話機を、刑場へ持ってくる。恩赦や再審開始を知らせてくるかもしれないからである。彼らは執行時刻ぎりぎりまで、連絡を待つ。『私は死にたくない』でも、電話が入って執行を停止するシーンがある。執行停止が決まった瞬間、バーバラ・グレアム役のスーザン・ヘイワードは、ファッと息を呑む。ピーンと張り詰めていた緊張の糸が、プツンと音を立てて切れたかのようである。

彼女は自室の独房へ連れ戻される。死刑から解放されたのではない。あくまで、執行の一時停止であり、彼女は再び刑場へ連れてこられる。かえって残酷だった。

印象に残っているもう一つのシーンは、教誨師の登場である。教誨師はアメリカにもいる。バーバラ・グレアムが刑場へ連れられてくると、教誨師（神父）がやって来て、祈りはじめる。

「私は無実です。助けて下さい」

彼女は必死で訴える。

「そういうことは、他の人に頼んでください」

教誨師は耳を貸さずに、祈り続ける……もうだいぶ前になるが、この映画を観たとき、宗教とは何か、考えないではいられなかった。

死刑制度の違い

いわゆる先進国のなかで、死刑制度を維持しているのは、日本とアメリカだけとくり返してきた。両国の制度はまったく異なる。アメリカの死刑制度に、四つの側面から目を向けよう。日本との違いが見えてくる。

なによりも、アメリカでは銃の所持が許されている。だれもがなかば自由に銃を持てる。一時期に比べて規制はきびしくなったとはいえ、一定の手続きを踏めば、ピストルはもちろん、マシン・ガンやショット・ガンだって簡単に手に入る。そのため、殺人事件は頻発している。日本人もしばしば犠牲になっている。

九〇年代はじめ、交換留学生としてアメリカに滞在していた日本人の高校生が、訪ねた先で射殺された。被害者の名をとって、「服部君事件」と呼ばれている。報道によれば、服部君は「プリーズ」(どうぞ)と「フリーズ」(じっとしていろ)を聞き違えたらしい。訪問先の主――かりに、Aと呼ぼう――は、「フリーズ」と静止したのに、服部君は止まらない。Aは手にした銃で服部君を射殺した。

「服部君事件」が一つの引き金になって、アメリカでは銃の撲滅運動がひときわさかんになった。国会でも取り上げられた。しかし、いまだに所持を許されている。日本人の目には、まるで野放し状態である。

アメリカ人はなぜ、銃の規制に反対するのか。「服部君事件」の直後、たまたまマレーシアの安ホテルで出会ったアメリカ人大学生の話は、興味深かった。旅の気安さ、顔を合わせるたびに会話を交わした。何かのはずみで、日本とアメリカの治安の善し悪しが話題にのぼった。「服部君事件」を例に挙げて、「フリーズとプリーズを聞き違えただけで殺されるなんて、アメリカは何と怖い国だ」といえば、「君の国(日本)は、治安はいいみたいだけど、自由はあるのか」と、逆に問い返された。

「?……」

わたしは、返事にとまどった。というより、質問の意味がわからなかった。彼はつぎのように語って、あらためて訊きなおした。あなたは何と答えるだろう。

「銃は必要悪だ。持たなくてすむなら、持たないほうがよいに決まっている。しかし、銃なしにどうやって、自分や家族の安全と財産を守るのだ。日本人はカラテや柔道の心得があるかもしれないが、賊が銃を持っていたらかなわないだろう。『国が守ってくれる』というのは、とりもなおさず、個人の生命や財産を国に管理されている、ということだ。銃一丁持てなくて、いったいどんな自由があるのか」

いま考えると、彼はAをかばっていたのかもしれない。それにしたところで、彼の指摘はあたっている。武器の所持をいっさい禁じられた民は、生命と財産を国(警察)に守ってもらうほかない。それはとりもなおさず、個人の生命と財産を、国家に管理されることなのである。

銃はアメリカにおける自由のシンボルである。ヨーロッパ人にとってアメリカの歴史は、銃で開かれた。銃によってネイティブ・アメリカンの土地を奪い、布教し、住みついた。しかし、銃によって守らなければならない自由とはいったい何か?……このあたりの問題を論議していると、いくらスペースがあってもたりない。先へすすむけれども、自由の代償は高い。服部少年を射殺したAの生活を想像してみよう。

服部君が庭先に立つと、彼はすぐに銃を取った。彼はつね日頃からそうやって〝外敵〟を警戒していたのだろう。われわれが考える以上に、日々神経をすり減らしているのに違いない。

アメリカでは、小中学生が学校でマシン・ガンを乱射、一度に何十人も死傷させるといった事件が頻発している。学校も神経を尖らせている。空港並みの徹底した所持品検査をやっている学校が少なくない。

少年事件は日本でも多発している。まったく知らない家へ入り込んで人を殺したり、バスを乗っ取って、乗客の一人を殺害したり。マスコミは「凶悪犯罪」と報じているものの、残忍・凶悪さはアメリカの比ではない。銃はもとより凶器の所持を全面的に禁じられているので、アメリカ並みの少年による大量殺人事件はいまだに起きていない。

アメリカは州の集合体である。余談を許していただくなら、「合衆国」でなく、「合州国」と綴るべきだ。

州の自治権は大幅に認められていて、日本の感覚でいえば、州は一つの国である。刑罰も州によって異なる。とうに死刑を廃止した州もある。死刑のない州はたいてい、終身刑ないし加算刑(加重刑)を設けている。加算刑とは、被告人の企てた犯罪をすべて加算して、刑期を算出する。かりに一人殺すと、懲役十年としよう。十人殺せば、懲役百年になる。百年もの刑期をつとめられるはずがなく、実質的に釈放のない終身刑である。フランス人神父、ジャン・トゥーラの言葉を借りれば、加算刑は「じわじわと何十年もかけて、生命を絶つ刑」である。

十五歳のある少年は、学校へマシン・ガンを持ち込んで、二十数名の生徒や教師を射殺した。成人の事件と同じように扱い、裁判所は少年に二百数十年の懲役刑を言い渡した。この事件をレポートしたアメリカのテレビ・ドキュメンタリー番組は、「殺してくれ!」と泣き叫ぶ少年の声を伝えていた。十五歳の少年にとって、この先永遠に監獄へ拘禁されるのは、死よりも絶望的だろう。

異なる国の刑罰を比較するには、捜査や裁判のあり方も検討の対象にしなければならない。スペースという物理的な制約があるので先へすすむけれども、日米両国のそれはまったく異なる。捜査・裁判・死刑……と同じ表現を使うのは誤りではないか、と思うほどである。

さて、『デッドマン・ウォーキング』は、プリースト（職業宗教家）と死刑のかかわりや、アメリカの死刑制度をわかりやすく描いている。同書を読む前に、日本の教誨制度をざっとおさらいしておこう。その上で、宗教は死刑制度を変えられるか、考えてみたい。

憲法違反の教誨規定

教誨制度は明治に入って正式に採用された。明治初期、早くも監獄則に盛り込まれた。一九〇八年（明治四十一年）制定の監獄法第二十九条は、

「受刑者ニハ教誨ヲ施《ほどこ》ス可《べ》シ。其他《そのた》ノ在監者（が）教誨ヲ請フトキハ之ヲ許スコトヲ得」

と規定している（ルビ、句読点、かっこ内は引用者）。

冒頭の「受刑者ニハ教誨ヲ施ス可シ」は、ここでのテーマに合わせて現代文に〝翻訳〟すると、「監獄の長は、死刑判決の確定した死刑囚に教誨を受けさせなければならない」となる。「監獄の長」を補わないと、条文は成り立たない。「教誨ヲ施ス」のは、監獄の長だからである。明治の法律は、国家統治の〝道具〟だった。在監者（監獄に拘禁されている者＝被疑者、被告人、受刑者。後出の「被収容者」と同じ）に対する人権上の配慮は、欠けている。すでに第二章でふれたように、二十一世紀に入ったいまなお、明治の法律が使われているのである。

これもすでにふれたことだが、憲法第二十条は国家機関（監獄はその一つ）による宗教行為、宗教活動を全面的に禁じている。

「一、信教の自由は、何人に対してもこれを保障する。いかなる宗教団体も、国から特権を受け、又は政治上の権力を行使してはならない。
二、何人も、宗教上の行為、祝典、儀式又は行事に参加することを強制されない。
三、国及びその機関は、宗教教育その他いかなる宗教的活動もしてはならない」
第一項で「信教の自由は、何人に対してもこれを保障する」とうたい、第二項では「何人も、宗教上の行為、祝典、儀式又は行事に参加することを強制されない」としているのに、監獄法は「受刑者ニハ教誨ヲ施ス可シ」というのである。憲法と監獄法はあきらかに矛盾する。明治の法律が、まがりなりにも民主制のもとでうまれた憲法と、矛盾しなければおかしい。

一九七〇年代に入ってようやく、法務省は監獄法の改正に乗り出した。改正法がいまだに成立していないのは、代用監獄の〝扱い〟がネックになったのだ。

警察に逮捕された被疑者（マスコミのいう「容疑者」）は、起訴・不起訴などの刑事処分が決まるまで、多くは警察の留置場へ拘禁されている。警察は被疑者を手元に置いて、いつでも思いのままに取り調べられる。警察の留置場が「代用監獄」と呼ばれているのを、ご存じの方は多いだろう。代用監獄は世界的に知られていて、「DAIYOUKANGOKU」でそのまま通用する。監獄法第一条は監獄を、
①懲役監＝懲役囚を拘禁する監獄。「刑務所」は行政名
②禁錮監＝禁錮囚を拘禁する監獄
③拘留場＝拘留刑（一カ月未満の拘禁刑）に処せられた者を拘禁する監獄
④拘置監＝刑事被告人や死刑確定囚などを拘禁する監獄。「拘置所」は行政名

の四つに分けている。

②③の独立した施設はない。刑期の短い禁錮刑囚や拘留刑囚は留置場ないし拘置所、長期の禁錮刑囚は、拘置所へ収容されている。監獄法第一条第三項は「警察官署ニ付属スル留置場ハ之ヲ監獄ニ代用スルコトヲ得」と規定している。「代用監獄」の呼称はこの規定による。

被疑者を警察の手元へ拘禁しておくことに、明治の国会議員もさすがに異議をとなえた。日本は昔から、自白にもとづいて裁いてきたからである。いまも基本的に変わらない。

司法省（現・法務省）は、「一時的な措置。留置場は早急に廃止する」旨答弁して、監獄法を成立させた。以来、百年経とうとしているのに、代用監獄を廃止するどころか、逆の動きを示している。

監獄法改正の準備をすすめていた法務省は、一九八〇年代初頭、監獄法に代わるものとして、いわゆる拘禁二法案（刑事施設法案、留置施設法案）を国会へ上程した。改「正」点は多々あるけれども、代用監獄に関しては、留置場を被疑者・被告人を拘禁する施設として恒久化しようとしている。単純化していえば、代用監獄の〝代用〟を取りはずして、正式な施設（留置施設）と位置づけようとしている。法律上はたしかに整合性を保てるものの、代用監獄の名称を留置施設と変えただけ。当初目的としていた人権上の配慮や、在監者に対する待遇改善からほど遠く、各地で幅広い反対運動が盛り上がった。

法務省はその後何度か法案を手直しして、国会へ上程している。しかし、根本的な改正でなく、拘禁二法案はいまだに成立していない。

最後の心の拠り所

監獄法と憲法はあきらかに矛盾する。監獄当局は、教誨は受刑者（死刑囚は一種の受刑者）に対するサービスとの立場を取っている。「教誨は強制でなく、受刑者本人の希望に応えているだけ」と。いかに理屈をつけようと、教誨は憲法に違反する。憲法は、国の機関は「いかなる宗教的活動もしてはならない」と定めているのである。

憲法に則って、教誨は廃止すべきか？「イエス」と答えられるなら、ここに取り上げるまでもない。殺されるためにのみ生かされている死刑囚にとって、心の支えとなるものは欠かせない。宗教に代わるものがあるだろうか。

「はじめに」で紹介したように、「メッカ殺人事件」の主犯、正田昭が逮捕され、母親に相談されたとき、弁護士の正木亮は真っ先に、「私は信仰心はないけれども、息子さんを入信させなければなりませんよ」と説いた。獄中において宗教のはたす役割を、正木は熟知していたのだろう。事実、死刑囚の多くが監獄へ拘禁されてから宗教心がめばえて、教誨を受けている。宗教は彼らに残された、最後の心の拠り所なのである。

新しく制定されようとしている刑事施設法案も、教誨を採り入れている。条文を掲げよう。

第三十条〔自ら行う宗教上の行為〕

刑事施設内において被収容者が自ら個別に行う礼拝その他の宗教上の行為は、これを禁止し、又は制限することができない。ただし、刑事施設の規律及び秩序の維持その他管理運営上支障を生ずるおそれがある場合は、この限りではない。

第三十一条〔宗教上の儀式行事及び宗教教誨〕

一、刑事施設の長は、被収容者が民間の篤志家である宗教家の行う説教、礼拝その他の宗教上の儀式行事に参加し、又はその宗教家の行う宗教教誨を個別に受けることができる機会（被勾留者又は各種被収容者にあっては、宗教教誨を個別に受けることができる機会に限る。）を設けるように努めなければならない。

二、刑事施設の長は、刑事施設の規律及び秩序の維持その他運営上支障を生ずるおそれがある場合（被勾留者又は各種被収容者にあっては、罪証の湮滅の防止上支障を生ずるおそれがある場合を含む。）には、被収容者を前項に規定する宗教上の儀式行事に参加させず、又はその者に同項に規定する宗教教誨を受けさせないことができる。（かっこ内も原文）

難解な用語が一、二目につくけれども、大まかな意味はおわかりいただけるだろう。教誨は強制でなく、監獄は被収容者に教誨の機会を与えるだけ、とのスタンスを取っている。「教誨師」に代わって、「民間の篤志家である宗教家」と表現している。単なる言い換えではない。戦前まで、教誨師は監獄の職員として扱われ、俸給が支払われていた。戦後、国家機関による宗教教育、宗教活動との批判が高まって、「民間の篤志家である宗教家」と位置づけたのである。

本書は彼らを「プリースト」（職業宗教家）と呼んできた。プリーストはだれでも無条件で教誨師になれるわけではない。たとえ教誨師の職に就いても、当局の意に添わなければ解雇される。西武雄や石井健治郎の再審請求や恩赦出願に尽力した古川泰龍は、教誨師を辞めさせられた。

監獄当局の恣意がまかり通る従来のシステムは、ぼつぼつやめよう。憲法に則って、いっさいの宗教活動や宗教教育――教誨や刑事施設法案のいう「宗教上の儀式行事」を含めて――は、監獄から切り離すべきである。しかし、実際に教誨にたずさわる人たちの思いは、別なのかもしれない。真宗大谷派は前掲『教誨指針』で、刑事施設法案の早期成立を求めている。

「今回、『監獄法』を改正して『刑事施設法』（案）を制定する運びとなっているようであるが、この『刑事施設法』（案）においては、宗教教誨の語が条文の中に明示されていることは、宗教教誨の根拠を明確にしたものとして、まことに喜ぶべきことである。この法案が一日も早く国会に上程され、制定の日の早きことを念願するものである」

わたしには読み過ごせなかった。『教誨指針』の編者であり発行者である、真宗大谷派宗務所教育部（東本願寺教育部）へ、手紙で取材を申し入れた。

「拘禁二法案は代用監獄の恒久化をはかるものとして、多くの市民が法案の成立に反対しています。貴会はこの事実を、どのように受けとめられているのでしょうか。文章で答えていただいてもよいし、日時を指定してくだされば、こちらから出向きます」

返事はなかった。

咎めるつもりはない。真宗大谷派にしてみれば、まったく予想外の問い合わせであったろう。『教誨指針』は自家版のうえに、発行後十数年経っている。現憲法のもとで、教誨師は微妙な立場に立たされている。法的に明確な身分を望んだとして、だれに咎められよう。

何よりも、当の死刑囚は宗教を求めている。彼らの多くは、事件後、監獄へ拘禁されてから宗教に接した。死刑囚に宗教をとりもつ教誨師は、しかし、単なる僧侶、あるいは、単なる牧師、単なる神父ではない。本人は自覚していないのかもしれないが、死刑囚に生きる望みを捨てさせる〝役割〟を担ってきた。具体的には、再審請求や恩赦出願を断念させ、刑死を受け入れさせることなのである。『教誨指針』は、執行の直前まで点訳に励み、刑場で監獄職員や教誨師に礼を述べる死刑囚を、教誨の〝成果〟として紹介していた。監獄当局にとって、彼は「理想の死刑囚」だったに違いない。自身の手で死刑を執行しなければならない明治の役人は、「理想の死刑囚」をつくるために、教誨制度を導入したのである。

真宗大谷派は権力迎合的だなどというつもりはまったくない。当局が定めた枠の中でなされる教誨には、自ずから限界がある。映画『私は死にたくない』に登場した神父の教誨師も、「私は無実です」と助けを求めるバーバラ・グレアムに、手を貸そうとしなかった。傍らで、ただただ祈るだけだった。真宗大谷派が死刑に反対しているのは、よく知られている。死刑執行のたびに、同派は死刑反対の声明を発表し、ブックレット『死刑制度と私たち』を著すなど、死刑廃止に向けて啓蒙活動を続けている。前述したように、『教誨指針』をたまたま手に入れたので掲げたのにすぎない。

同派だけでなく、教誨にかかわるプリーストがどのような立場をとろうとも、法律上の問題は、法の枠組みのなかで解決しなければならない。国家機関による宗教行為、宗教活動を全面的に禁じた憲法第二十条にしたがって教誨はやめ、死刑囚と宗教を結ぶ新たなルートをつくるべきではないか。一九六〇年代初頭まで、そうしたルートができていた。各死刑囚のもとへ、宗教関係の書籍やパンフ類が差し入れられた。熱心な信者は死刑囚に手紙を書いたり、面会に出向いて励まし、慰めた。教誨以外に、信仰への道が用意されていた。

一九五〇年代末、福岡拘置所に収容されていた死刑囚の山口清人は、キリスト教の伝道誌『百万人の福音』に、日頃の思いを綴って送った。それが「一死刑囚の手記」として掲載された。獄中の山口のもとへ、多くの信者から愛と励ましの手紙が送られた。最初は二百通もきたという。山口はやがてキリスト教の洗礼を受けるとともに、文通相手の一人、渡辺久代と獄中結婚した。

キリスト教関係のある福祉団体は、奉仕活動の一つとして、死刑囚に励ましの手紙を書いた。宗教上の罪は、悔い改めれば許される。法律上の罪は、どんなに悔い改めても許されない。イエス・キリストと同じように断罪されるという思いは、クリスチャンの心を強く刺激したのに違いない。他の宗教にはみられない宗教活動だった。

ここでも監獄のあの高い塀を越えて、男女のカップルが誕生した。彼女たちは身も心も投じて、死刑囚とともに生きようとした(拙著『死刑囚の妻』現代書館)。

このような宗教活動や男女の出会いは、こんにちまったくみられなくなった。『六三年通達』(六二ページ参照)によって、死刑囚の外部交通(文通や面会、差し入れ)は全面的に禁じられたからである。外部交通は、アメリカと日本の死刑制度のもっとも大きな違いの一つである。

人間を信じないプリースト

「デッドマン・ウォーキング」は監獄の隠語で、刑場へ向かって歩く（ウォーキング）、死刑囚（デッドマン）のことである。原作者のヘレン・プレジャンは、カトリック系会派の一つ、メダイル聖ジョセフ修道女会のシスター（修道女）である。彼女は一人の死刑囚とともに刑場への道を歩いていく。同書はその記録であり、死刑制度について語った優れた評論でもある。

一九八〇年代初頭、彼女はアメリカ南部の町、ルイジアナ州ニュー・オリンズの教会で、「貧困家庭救済事業」に従事していた。アメリカ南部には貧困家庭が多い。大半は黒人である。彼らの勉強をみてやったり、職探しを手伝ったり、あるいは、寄付を募るなどの救済活動をしているとき、「刑務所連合」メンバーの一人に、「死刑囚の文通相手になってほしい」と頼まれる。

「刑務所連合」はどんな組織なのだろう。訳書に解説はない。全体の文脈から、ボランティア・グループらしい。死刑囚の文通相手とは、かつて日本の福祉団体がやっていた奉仕活動を思い出させる。

ヘレンは、ルイジアナ州立刑務所に収容されているエルモ・パトリック・ソニア、通称パットと文通をはじめる。彼は弟のエディと十代のカップルを襲い、女の子をレイプしたあと、二人を殺害した。エディは終身刑だった。

文通を続けるうちに、ヘレンとパットは互いに会いたいと思うようになる。面会のシステムも日本とまったく異なる。面会の第一条件は、死刑囚本人が「面会リスト」に名を加えること。面会人は、

①肉親、友人
②精神的アドバイザー（以下、アドバイザー）
にわけられる。
①の面会時間は午後六時まで。②は面会時間の制限はなく、死刑執行に立ち会える。死刑は深夜に執行されることがある。六時以降も会えるようにしておかないと、最後の時を過ごせないし、執行にも立ち会えない。パットは彼女を②に入れた。
ルイジアナ州立刑務所の教誨師（カトリックの司祭）から、「アドバイザーになる前に、一度お会いしたい。刑務所へ来られたい」と連絡が入る。『デッドマン・ウォーキング』を読んでいただこう。


（刑務所へ着いて）教誨師用の建物の正面ホールで待っていると、まもなく事務所から教誨師が出てきました。彼は初老で柔和な顔をしていましたが、声は疲れていました。なぜソニアのアドバイザーになりたいのか聞かれたので、「彼には頼れる人間が誰もいないので私が面会に来たのです。囚人の話し相手になることは、キリストの教えの慈悲の行為に当たります」と答えました。

すると、今でもはっきり覚えていますが、教誨師はこう言ったのです。

「彼らは人間のクズです。用心を怠《おこた》ってはいけませんよ。彼らはペテン師ですからいろいろな手を使ってあなたにつけ込もうとするでしょう。誰一人として信用してはいけません。

あなたの仕事は彼らの魂の救済です。死を迎える前に教会の秘蹟を受けることで彼らの魂は救われるのです」（引用者注・原文は「教誨師」でなく「教戒師」。ルビも原文）

刑務所の教誨師は彼女のファッションにもクレームをつけた。ヘレンの所属するメダイル聖ジョセフ修道女会のシスターは、普段着で活動している。カトリック系の宗派に属するシスターはたいてい、顔と手の先を除いて、すべて衣服で覆っている。髪の毛はスカーフで隠し、詰め襟の長袖シャツに、裾は足首まである長いスカートを履いている。こうした身なりで面会すべきだというのである。ファッションはともかく、相手を信用しないで、魂の救済などできるのだろうか。どこの国でも、教誨師は保守的で体制的なのだろうか。

さらに一カ月ほどして、ルイジアナ州立刑務所から封書が届いた。中に入っていたのは、パットのアドバイザーと認める許可証。第一回面会日の通知。もう一つ、「面会規則」を読んで、彼女は不安に陥る。

「最も不安に感じたのは、刑務所に入るときに行われる検査でした。そこには『あなたの車、持ち物、身体を検査します。服の上から手で触って武器の有無を確認し、犬が臭いをかぎ、ストリップ・サーチを行い(裸にして不法品を所持していないか、麻薬の痕《あと》がないかを調べる)、鼻腔《びこう》から肛門まで調べます』と書いてあったのです」(ルビ、かっこ内も原文)

ストリップ・サーチとは全裸検査である。被験者に衣服をすべて脱ぐよう命じ、床の上に四つんばいにさせて、肛門まで広げて覗き込む。検査員は同性といえ、限りない屈辱を覚えるらしい。精神に異常をきたした人もいると聞いて、ヘレンはどうしようか悩む。「私は尼僧ですからそこまで検査されることはないと思います」と、腹を決めて出かけていく。予想していたように、ボディ・チェックはされなかった。プリーストは、どこの国でも信用されているのだろう。

「尼僧」の原文はNUNか。キリスト教のプリーストをなぜ「僧」と訳すのだろう。訳者を責めているのではない。問われなければならないのは、日本人の宗教観(宗教的無知)である。

アメリカではストリップ・サーチをしても、面会に看守は立ち会わない。ご存じのように、アメリカでは、銃や麻薬はたやすく手に入る。獄内への持ち込みを防ぐには、徹底した検査は欠かせない。日本はこの種の検査もかなりあいまいである。法律上の規定はあるものの、監獄の長に大幅な裁量権を与えているので、監獄によって異なる。わたしのつたない体験を、参考にしていただこう。

東京拘置所は面会人入口に、無料のコイン・ロッカーを置いている。面会人はここにカバンなどの所持品を入れて、金属探知機のゲートを潜る。反応がなければ、そのまま所内へ入れる。

名古屋拘置所は、面会受付の係員が、面会人の所持品を透明のガラス越しに調べる。面会人自身にカバンを開かせ、なかに入っているものを一つひとつ調べる。傍らでみていて、腹が立った。わたしの番が来たとき、

「このような検査はプライバシーの侵害にあたる。所持品は面会人待合室へ置いていく。盗まれてもかまわない」

と、申し出た。

若い係官は居丈高だった。

「所持品を持参しないなら、面会を認めない」

「それなら、面会しなくていい」

拘置所の職員と言い争っても勝ち目はないのは、体験的にわかっていた。役人は決して自らの非を認めない。かりに所持品検査に応じても、わたしの会おうとしている人（一、二審で死刑判決を受けた、上告中の被告人）は、すでに他の人と面会しているかもしれない。面会は「一人一日一回」。所持品検査を受けても、面会できると限らない。わたしはやむなくホテルを取って、翌朝一番に出かけた。

名古屋拘置所は、名古屋市の中心街に建っている。JR名古屋駅から地下鉄で十分ほど。気軽に出直せる場所でなければ、屈するほかなかった。

情報公開と死刑

アメリカと日本の面会制度の違いはそのまま、両国の死刑制度の違いを現しているといって過言ではない。それは情報公開である。アメリカの権力機関は、市民に対する不当な権力行使を防ぐため、あらゆる情報を公開している。

事前の連絡なしに、面会人をいきなり素っ裸にして検査すれば、おそらく訴訟沙汰に発展するだろう。名誉棄損、プライバシーの侵害で法廷に訴えられたら、刑務所サイドは間違いなく敗訴する。陪審員は市民（面会人）の味方である。不当に権利を侵害された面会人に、日本では想像できないほど莫大な賠償金が支払われるだろう。

賠償金は税金である。「税金が不当に使われた」と、州民は行政当局に怒りをぶつける。おそらく、ただではおさまらない。情報公開は、権力機関の不当な権力行使をセーブする。刑罰……まして、死刑は、最高の権力行使である。権力の行使だからこそ許されているので、私的行為なら犯罪である。権力は公開の場で行使しなければならない。〝部内〟でこっそり処刑してはならないのである。

日本の情報公開は、あらゆる分野で遅れている。江戸時代、「よらしむべし、知らしむべからず」を国家統治の基本とした。民に情報を提供する必要はない。ただ従わせればよいとする権力の意思は、明治から大正・昭和を経て、現代に引き継がれている。一九九〇年代後半に入って、情報公開はだいぶ進んだとはいえ、アメリカにははるかに劣る。司法と行政の〝関係〟も、両国はまったく異なる。

アメリカでは死刑判決を下すばあい、原則として、「〇年〇月〇日に執行せよ」と公開の法廷で、行政機関に命ずる。「原則として」と断りを入れたのは、事件によっては、判決当日、執行日をあきらかにできないケースがあるからだ。ソニア事件もそうだった。兄のパットと弟のエディは同じ犯罪を手がけながら、パットは死刑、エディは終身刑に処せられた。このような判決は、司法の公正さを保てるのか。あらためて検討することになった。

ヘレンが最初に面会してからおよそ十カ月過ぎた一九八三年七月、裁判所はパットのもとへ死刑執行令状を郵送した。

「一九八三年八月十九日、死刑を執行する」

と……。

死刑執行は阻止できないか。連絡をうけたヘレンは、すぐに弁護士と相談する。控訴の手続きをとる。高裁でも同じように、「〇年〇月〇日に執行せよ」と判決の中で命ずる。定められた日までに、対策を取らなければならない。次つぎ〝手〟を打って、一九九三年までほぼ十年、執行の先送りに成功した。万策つきて、いよいよ執行当日を迎えた。ヘレンはパットとともに刑場への道を歩いていく。デッドマン・ウォーキング！

死刑執行には、裁判官、検察官、被害者の遺族、報道機関の代表、死刑に反対する民間団体のメンバーも立ち会える。マスコミは執行の細々とした様子……死刑囚の最後の言葉（遺言）や被害者の感想などを伝える。

日本では、部外者は死刑執行に立ち会えない。「官」の人間以外で執行に立ち会えるのは、唯一、教誨師だけである。秘密主義は徹底していて、法務省は従来、死刑を執行したかどうかすらあきらかにしなかった。批判が高まって、一九九〇年代半ば、執行の事実のみ、〝事後〟に、公にするようになった。

執行の日時は、死刑囚本人にも直前まで知らせない。執行後、家族（身柄引受人）に連絡する。死刑囚Aの母親は、それを身をもって体験した。

彼女はいつものように、金曜日の午前中、息子の面会にでかけた。その日に限って、拘置所はどうしても面会を許可しなかった。

「息子は体の具合でも悪いのでしょうか」

母親は心配そうに訊いた。

「とにかく今日は、面会させられない」

拘置所の係官はあいまいに答えた。

なぜ面会させないのか。母親は首を傾げながら帰途についた。その日の夕方、拘置所から連絡があった。

「本日、Aの死刑を執行した。遺体を引き取るなら、明日朝九時までに拘置所へ来られたい。来ないばあいは、こちらで処置する」

「私が面会に訪れたとき、執行の直前か、最中だったのではないか」

母親はあとになって思う。

いつ処刑されるかわからないからこそ、死刑囚はいっそう不安をつのらせるのである。

〝痛み〟のない死刑執行

死刑執行と恩赦の権限について、若干補足しておこう。

アメリカでは、二つの権限を州知事に与えている。知事は州の最高権力者である。知事が死刑執行命令書にサインしないかぎり、執行されない。死刑に反対の知事が就任すると、死刑停止状態に陥る。その積み重ねのなかで、死刑を廃止した州もあると聞く。

知事は恩赦の権限も握っている。執行直前、知事は恩赦を決定したり、裁判所は再審請求を認めるかもしれない。死刑執行官は刑場へ電話を持ち込んで、ぎりぎりまで連絡を待つ。

日本はかなりあいまいである。裁判官は判決を下すだけ。執行にはいっさいかかわらない。すべて行政まかせ。人を殺す痛みをともなわないので、簡単に死刑判決を下せるのではないか。法律も死刑執行の日時をきちんと定めていない。刑事訴訟法第四百七十五条をもう一度、読み返そう。

「一、死刑の執行は法務大臣の命令による。
二、前項の命令は、判決確定の日から六箇月以内にこれをしなければならない。但し、上訴権回復若しくは再審の請求、非常上告又は恩赦の出願若しくは申し出がされその手続が終了するまでの期間及び共同被告人であった者に対する判決が確定するまでの期間は、これをその期間に算入しない」

第二項の但し書きは、第一章を参照されたい。「死刑台への道」をたどりながら、ざっとみておいた。この但し書きに該当しないばあい、法務大臣は判決確定後六カ月以内に、死刑執行命令を下さなければならない理屈である。刑事訴訟法は、一九四九年一月一日に施行された。以来半世紀余り経つあいだに、期限内に処刑された死刑囚は、おそらく皆無だろう。

「法に従って処刑せよ」などといっているのではない。現行のシステムでは、六カ月以内に処刑するのは、ほとんど不可能なのである。判決確定から執行までの経過を、次ページの表にまとめた。

Aは一審で死刑判決を受けたとしよう。控訴・上告したが認められず、死刑判決が確定すると、事件記録は高等検察庁（高検）へ集められる。高検は、高裁所在地に設置されている。高裁は全国八カ所にあって、所定の地域を管轄している（第一章参照）。高検は高裁に対応して配置されている。Aが控訴しなかったり、控訴・上告を取り下げたばあい、地検の扱いとなる。

記録を受け取った高検は、最高責任者の検事長名で、Aの死刑判決が確定した旨の上申書を法務大臣へ提出する。法務省刑事局の検事は、

①非常上告の事由の有無

死刑執行までの経過

死刑判決確定

←判決謄本・裁判記録等

高検・検事長↓法務大臣へ上申書提出

←判決謄本・裁判記録等

法務省刑事局付検事の審査

主な審査内容

①非常上告の事由の有無

②執行停止の事由の有無

③恩赦に相当する事由の有無

←死刑執行起案書作成

疑問があれば再調査↓刑事局会議

起案事項

④犯罪事実

⑤証拠関係

⑥情状

←刑事局での審査

参事官↓刑事課長↓刑事局長

各担当官が精読、決裁

←矯正局での審査

主な審査内容

⑦刑を執行しうる心身の状態にあるか

⑧恩赦を上申する事由の有無

参事官↓矯正課長↓矯正局長が決裁

←保護局での審査

保護局での審査

主な審査内容

⑨恩赦に相当する事由の有無

参事官↓恩赦課長↓保護局長が決裁

刑事局

←法務大臣官房

秘書課長

←官房長

←事務次官

（事前に大臣の内諾をとる）

←法務大臣

←死刑執行命令書にサイン

高等検察庁

←死刑執行命令書

拘置所長

発令後五日以内に死刑執行

②死刑執行を停止する事由の有無
③恩赦に相当する事由の有無
を審査する（数字は表に対応。以下同じ）。

審査の結果、疑問が生ずると調べなおして刑事局会議にかける。問題がなければ、検事は『死刑執行起案書』を作成する。A事件の「犯罪事実」④、「証拠関係」⑤ならびに、Aの「情状」⑥を勘案して『起案書』にまとめる。完成した『起案書』は刑事局の参事官、刑事課長、局長が順に目を通し、それぞれ決裁したうえで、矯正局へ回す。

矯正局ではAの心身の状態⑦、恩赦上申事由の有無⑧を検討する。⑦には二つの側面がある。刑事訴訟法（第四百七十九条第一項）は、「死刑囚が心神喪失状態のときは、死刑を執行しない」旨、定めている。併せて、Aの〝心情〟は〝安定〟したかどうか、チェックする。

拘置所や刑務所などの監獄は、矯正局の管理下に置かれている。Aを収容している拘置所からの報告にもとづいて、⑦と⑧を判断する。どのような精神状態のとき、「心情は安定した」とみなすのか。

法務省の矯正課長は、
○就寝時間中よく眠る
○食欲がある
○よく運動する
○日中、読書したり、請願作業をしている
○教誨を受けている

○手紙や面会の内容による「これらをもとに、総合的に判断する」と語っていた

あいまいさは残るものの、矯正課長の言わんとするところは、おおよそ見当がつこう。前出した『六二年通達』(一六二ページ参照)のなかで、法務省は、「死刑囚が罪を自覚し、精神の安静裡に死刑の執行を受けることとなるように配慮」すると述べていた。ここにいう「配慮」こそ、死刑囚を「心情の安定」へと導くことである。

⑧の恩赦上申は、職権による恩赦の申し立て。恩赦の規定はじつにややこしい。受刑者(死刑囚)本人が「恩赦にしてください」と申し出ることを、法律用語で恩赦の「出願」、監獄の長や検察官、保護観察所長などが職権で恩赦を申し立てるのは、恩赦の「上申」という。矯正局で恩赦の上申事由の有無を検討。なければ、『起案書』を保護局へ回す。

保護局は、死刑囚本人が出願している恩赦の是非を検討する⑼。アメリカのように、知事一人の判断で決めるのでなく、複雑なルートをたどる。まず、保護局内に設置されている、外部機関の中央更生保護審議会へ事案を送って審査してもらう。恩赦に該当するとの結論が出ると、中央更生保護審議会→法務大臣→内閣総理大臣→閣議決定の後、憲法第七条の規定にもとづいて、天皇の認証のもとに、恩赦の恩典は与えられる。天皇は決して単なる象徴ではない。

保護局でも、参事官→恩赦課長→保護局長の決裁を経て、『起案書』を刑事局へ戻す。刑事局は法務大臣官房へ回す。ここでも秘書課長→官房長→事務次官の順に決裁し、事務次官は事前に内諾を得て、法務大臣に提出する。法務大臣が『死刑執行命令書』にサイン(署名・押印)すると、ただちに高

検へ送られ、高検から拘置所長に届けられる。拘置所長は、法務大臣が『死刑執行命令書』にサインしてから五日以内に死刑を執行しなければならない。

死刑判決の確定から『死刑執行命令書』の作成まで、このように手間がかかる。別の箇所で指摘したが、判決確定から死刑執行まで、平均六〜七年要している。死刑囚を悩ませているのはむしろ、その後なのである。

もう一度、刑事訴訟法第四百七十五条第二項の但し書きをみていただきたい。上訴権回復や非常上告など、執行を阻止する〝条件〟が記されている。このうち、死刑囚本人にできる手続きは、再審請求と恩赦出願の二つしかない。恩赦出願は、いわば〝資格〟を必要とする。判決の確定した受刑者(死刑囚を含む)は、だれでも恩赦を申し出られるのではなく、死刑囚は判決確定後十年を経過していなければならない。大半の死刑囚は恩赦の〝出願資格〟を得る前に、処刑される。平均的な執行期間を〝逃れる〟には、再審請求しかない。

再審請求とは、「確定判決に誤りがあるから、裁判をやり直してほしい」という申し立てである。弁護士に知恵を借りずに、手続きを整えるのは難しい。この〝難関〟を突破すれば、再審手続きが進行しているあいだ、執行されないようだ。だが、請求を却下された翌日、処刑された死刑囚が何人もいる。翌日ではどうしてみようもない。こんな目茶苦茶なやり方でも、死刑判決が確定して六カ月以上経過していれば、合法とされている。

アメリカは日本と比べようもなく、外部交通の自由が保障されている。友人・知人との文通や面会はもとより、電話も使える。それでも、日本のように抜き打ち的に処刑しない。あらかじめ執行日を知らせて、つぎの手続きをすすめるための準備期間を設けている。

祈りで解決できるもの

『デッドマン・ウォーキング』の筆者ヘレン・プレジャンは、死刑廃止運動の先頭に立って活躍している。シスターとしての仕事に加え、原稿の執筆や講演で忙しい日々を送っている。そうしたなか、市民団体の招きで日本へもやって来た。演壇に立った彼女はいかめしさはまったくなく、小太りなおばちゃんという感じだった。

彼女は一人の人間、一人のプリーストとして死刑をとらえていた。特別難解な用語を使うでなく、まして、説教調ではない。彼女の人柄は、『デッドマン・ウォーキング』のつぎの一節からも、読みとっていただけるだろう。宗教は死刑制度を変えられるかという、ここでのテーマを考えるうえでも参考になる。

（私は）パトリック・ソニアを処刑しようとする州の非情な決定を受け入れることはできません。でも若き犠牲者のことも頭から離れないのです。犠牲者のことを考えると、なぜ私が罪悪感を感じるのでしょうか？　なぜ自分も殺人を犯したかのような罪の意識にさいなまれるのでしょう？　私は祈りで心の解決を図りました。

そうして気づきました。もし私が、二人が誘拐された現場に居合わせたなら、身を挺《てい》してでも彼らを守ったであろうことを。

遺族の悲しみを思うとやりきれない気持ちになりますし、その痛みを消し去ることができるなら何でもするでしょう。しかしもう一つ確かなのは、その痛みを消し去ることはできないということです。

私は貧困にあえぐ人々を助ける仕事をしていますし、彼らの中の一人でも暴力社会で身を滅ぼすのを阻止できたらと願っています。そう考えた途端、私の心に光が差し込みました。もう心の重荷も罪悪感もありませんでした。

私は答えを見つけたのです。犠牲者は亡くなってしまったけれども、殺人犯はこのときも生きているのだ。彼の友人となり、力になろうと。

これは犠牲者を裏切る行為でしょうか？　両方の立場に立つべきでしょうか？　死刑制度に関しては、自分に置き換えて考えてはいけないという信念を持っています。もし私の母親や兄弟のメリー・アンやルイが残酷な方法で殺されたら、はたしてその犯人に対して同情を寄せるでしょうか。もし私の愛する人が殺されたら、怒りと喪失感、悲しみと無力感が死ぬまでつきまとうことでしょう。ただ、そういった不幸にあったときどうするかと予想するのは傲慢《ごうまん》なのかもしれません。私はイエス・キリストが歩んだのと同じ道を辿りたいと思っているのですが、そのイエス・キリストは、憎しみに憎しみを、暴力に暴力をもって対処してはならないと説いておられます。

(中略)歴史を振り返ると、犠牲者から「神の復讐《ふくしゅう》者」になり果てた者によって多くの血が流されています。国王、法王、将軍、国の指導者の多くが、神の権限と祝福の名の下に殺害されています。そんなことを望む神がいるとは信じられないのです。

自分の感情と信念を整理していて、心から賛同できる道義が一つありました。もし私が殺人を犯したなら、その罪を自分の死をもって償いたくはないということです。特に国に復讐されるのはいやです。何をやるにも官僚主義で、税金の徴収も不公平で道路工事もコントロールできない政府に国民を殺す資格はないのです。（ルビも原文）

ヘレン・プレジャンは、事件当事者と同じ地点に立って、事件をとらえかえしている。「もし私が、二人が誘拐された現場に居合わせたなら、身を挺してでも彼らを守った」とソニア兄弟の仲間でないと強調し、「遺族の悲しみを思うとやりきれない気持ちになります」「もし私の愛する人が殺されたら、怒りと喪失感、悲しみと無力感が死ぬまでつきまとう」と、被害者の遺族に思いをはせる。

従来、死刑賛成派は被害者側、反対派は死刑囚の側に立って死刑を論じた。彼女は両者を気づかった。しかし、死刑問題に中立はない。すでに百数十年前、ビクトル・ユゴーは『レ・ミゼラブル』で、「断頭台は法律の具体化であり、『刑罰』と呼ばれるものであり、中立ではなく、人に中立を許さない」と指摘している。彼女も死刑囚の側に立って刑罰のあり方に異議をとなえ、政府を攻撃する。「もし私が殺人を犯したなら、その罪を自分の死をもって償いたくはない」「国に復讐されるのはいや」「政府に国民を殺す資格はない」

彼女を支えていたのは、キリスト教だった。「祈りで心の解決を図る」は、いかにも熱心なキリスト教徒らしい。心の問題は祈りで解決できても、祈りで死刑は廃止できない。「憎しみに憎しみを、暴力に暴力をもって対処してはならない」というイエス・キリストの教えが行き渡っているはずのヨーロッパで、ローマ帝国がキリスト教を国教に定めてからでも、千数百年にわたって死刑を続けてきた。

宗教の力

宗教に死刑制度を変える力はないのか？　答えはとうに出ている。ヨーロッパはキリスト教の理念にしたがって、死刑を廃止した。暗黒の中世、神の名において残虐非道な拷問と死刑を企てたキリスト教は、現代にいたって、死刑廃止に重要な役割をはたした。第四章で紹介したベッカリーアの『犯罪と刑罰』、『レ・ミゼラブル』や『罪と罰』などの文学作品は、キリスト教文化圏でなければ生まれなかった。

同じキリスト教文化圏でも、ロシアはやや異なるようだ。二〇〇一年八月二十八日付け『朝日新聞』夕刊のコラム「窓」（「論説委員室から」のサブタイトルが付いている）に、興味深い記事が載っている。

一九九六年から、ロシアは死刑執行を停止している。いわゆる欧州会議に加盟するための措置だったらしい。ヨーロッパにおける死刑廃止の影響は、こんなところにも現れている。

ところが、チェチェン紛争でゲリラ活動が活発化すると、「ゲリラには厳罰でのぞむべきだ」といった意見が噴出。これに刺激されたのか、ロシア正教会は死刑容認説を打ち出した。「窓」を引用しよう。

「新イズベスチヤ紙によると、こうした動き（引用者注・厳罰を求める動き）を受ける形で正教会幹部が『聖書に死刑は許されないとは書かれていない』と発言、死刑容認を明確にした」

それだけのことなら、わざわざ引用するまでもない。どこの国のプリーストも、死刑を維持する理由を探し出してきた。読んでいただきたいのは、この先である。「窓」はつぎのように続けている。

「三日後、プーチン氏が『死刑復活には反対だ。神だけが持つ人の命を奪う権利を、国家が横取りすべきでない』と表明。正教会は『死刑存続の是非は社会が決めるべきことだ』と立場を修正した」

フランスの元法務大臣ロベール・バタンテールが、「死刑を廃止するのは政治だ」と語っていたのを思い出す。政治が死刑にストップをかけた、典型的なケースである。

アメリカは、一般市民の銃の所持が認められているかぎり、死刑の全面廃止はむつかしいだろう。銃はアメリカの歴史であり、文化である。銃は簡単に規制できると思えない。アメリカはたしかに、十を超える州が死刑を廃止している。死刑廃止論者は高く評価している。しかし、釈放のない終身刑を死刑の代替刑として、評価できるのか。十五歳の少年を生涯、牢獄に閉じ込めておくことが、死刑にまさるとは、わたしには思えない。少年でなく、おとなでも同じである。刑罰全体のあり方を、見直さなければならない時期に来ている。

それはともかく、ヘレン・プレジャンのように、「運動家」と呼べるプリーストも出現した。ロシアの大統領プーチンではないが、「神だけが人の命を奪う権利を持つ」という考えは、キリスト教文化圏では受け入れられやすい。長い目で見れば、死刑廃止の方向へ向かっているのかもしれない。

仏教文化圏に属する日本は、仏教理念にもとづいて、死刑を廃止できるだろうか。この問いに答えるには、仏教は死刑をどのようにとらえているのか、一応なりとも押さえておかなければならない。申しわけないのだが、わたしにその能力はない。

仏教経典(いわゆる、お経)は、三千数百巻に達するといわれている。そのなかに死刑について論じた経典はあるのだろうか。かりにあっても、わたしには読みこなせない。経典を読めなくとも、恥ずかしいとは思わない。一部の僧や研究者以外に、経典を読みこなせる人がどれだけいるだろう。

ヨーロッパの宗教改革は、「バイブルへ戻れ」のかけ声とともにはじまった。のちに宗教改革家と呼ばれたマルチン・ルターは、「だれでも読めるように」と、ラテン語の『バイブル』を自国語(ドイツ語)に翻訳した。

中国もまた、サンスクリット語の経典を漢字に翻訳した。よく知られているように、翻訳に莫大な労力と年月を費やした。日本のプリーストは、そんな手間のかかることはしなかった。中国から〝輸入〟した漢訳の経典をそのまま使っている。訓読みならまだしも、音読みである。耳をそばだてて聞いていてもさっぱりわからない。「馬の耳に念仏」とは、昔の人はうまいことをいった。葬式仏教。お経は「セレモニーの道具」でしかないのか。

このような〝宗教事情〟のなかで、多少の想像は許していただけるだろう。仏教は……少なくとも、開祖のゴータマ・シッダルタ(釈迦)は、死刑について何も語っていないのではないか。こころみに、『仏教大事典』(小学館)、『望月仏教大辞典』(世界聖典刊行協会)、『日本仏教語辞典』(平凡社)、『真宗新辞典』(法蔵館)、『新版仏教哲学辞典』(聖教新聞社)などの辞典類を調べてみた。死刑の項目を設けている辞典は、一冊もなかった。

仏教は人民支配（国家統治）を意図していない。したがって、刑罰規定は不要だった……このあたりの問題は、専門家にきちんと分析していただきたいのだが、そういって放置してしまうのは、あまりに無責任すぎよう。失笑をかうだけかもしれないが、仏教が刑罰規定を必要としなかった理由を、簡単に述べておこう。


ユダヤ教・キリスト教・イスラム教の三つの宗教を、わたしは「砂漠の宗教」と呼んでいる。砂漠で生まれたからである。類似点も多い。仏教などアジアの宗教は、砂漠の宗教と対比してとらえたほうがわかりやすい。

科学文明が未発達の時代、砂漠の民は死と隣り合わせにくらしていた。ちょっと想像していただきたい。日中の温度は五十度に達し、陽が沈むとともに急激に冷え込む。砂嵐に巻き込まれて、一歩道を間違えれば、飢えと渇きに苦しめられる。時に、死に至る。このような自然条件の中で生まれたものが二つある。一つは、カリスマ的な指導者である。カリスマは、ギリシャ語で「神からの賜り物」。砂漠の地で民をまとめるのは、特別の能力を身につけた、強力なリーダーシップを発揮できる者でなければならない。「船頭多くして、船山へ登る」の諺どおり、きびしい自然環境を前にして、論議などしている余裕はない。砂漠の宗教は必然的に、一神教を志向した。

もう一つは、戒律である。砂漠は人びとの行動を規制する。イスラム教の戒律に、「右手は食事、左手は排泄」というのがある。中東のモスリムの国を訪れたとき、わたしはこの戒律の意味を肌で理解した。

一般庶民はいまなお、素手で食事している。主たる料理は、いわゆるカレーにパンの類。チキンやマトンの骨つき肉。箸ではどうにもならないし、ふだんナイフやフォークを使い慣れないわたしには、素手のほうがよほど食べやすい。そういえば、ヨーロッパでも十八世紀に入ってようやく、庶民の食卓にナイフやフォークが並ぶようになったのだった。重要なのは、手で食べることではなく、〝後始末〟である。

砂漠の国では、水は貴重品である。都会から離れるといまでも、食事や用便の後、手を洗う水にも事欠く。大昔はほんとうに苦労したろう。一般庶民がトイレットペーパーを使えるようになったのは、長い歴史のなかでみれば、つい最近である。日本でも田舎では、昭和初期まで、トイレットペーパーの代わりにワラや草の葉で用をたした、という。砂漠の国ではどちらも簡単に手に入らない。右手は食事用、左手は排泄用とわけておかなければ、たちまち病に冒される。生活の知恵が宗教と結びついて、戒律になったのではないか。

仏教やヒンドゥー教のうまれたアジアは、一年中温暖。水や食糧も豊富。中国以東の東アジアと緯度の高い山岳地帯を除けば、裸で暮らせる。砂漠の国のように、食べ物に困らない。豊かな実りは、生活習慣から宗教のあり方まで変えた。一神教ではなく多神教を志向し、生活習慣に結びついたきびしい戒律は少ない。

仏教はヒンドゥー教をアンチテーゼとしてうまれた。そのヒンドゥー教の聖典、いわゆる『マヌ法典』は細かな罰則を定めていて、「こんにちの刑法法典の基礎となるもの」といわれている。

一つ二つ、例をあげよう。スリ（窃盗）で捕まると、初犯は手の指を二本切断。再び盗みを働くと、片手と片足を切断される。三度目は死刑である。また、家柄のよい妻が夫を軽蔑し、あげくに不倫したばあい、公開の場に引き出して犬に噛み殺させた。相手の男は、熱した鉄製のベッドに寝かせて焼き殺した。『マヌ法典』はこの種の残酷きわまりない刑罰をいくつももうけている。

『マヌ法典』は刑法法典ではない。世界創世からはじまって、人間（ヒンドゥー教徒）のあるべき姿を説いている。刑罰規定はその一環であって、砂漠の国の「目には目を」とは異なった刑罰観を持っている。詳しい説明ははぶくけれども、彼らにとって刑罰は同時に、贖罪を意味している。それにしたところで、ヒンドゥー教をアンチテーゼとした仏教は、刑罰で人を縛ろうとしなかったのではあるまいか。

宗教に何ができるか

戒律のない宗教はない。仏教も例外ではない。五戒（五悪）といって、「不飲酒《おんじゅ》」（酒を飲んではいけない）、「不偸盗《ちゅうとう》」（他人のものを盗んではいけない）、「不邪淫」（夫または妻以外の者と不倫をしてはいけない）、「不妄語《もうご》」（ウソをついてはいけない）、「不殺生《せっしょう》」（生きものを殺してはいけない）の戒律がある。モーセの十戒とよく似ている。モラルに対する考え方は、いつの時代も、洋の東西においても、たいして変わらないのだろう。

戒律は守ってこそ意味がある。いかにして、戒律を守らせるか？……あらゆる宗教に共通のテーマである。仏教はどれほど配慮したろう。小乗仏教に比べて大乗仏教はゆるやかなうえに、日本では、戒律のきびしさはあまり感じられない。仏教はもともと、いかに生きるかを考える哲学みたいなもの。戒律で信者をきびしく縛るという発想は希薄だったのではないか。

ビクトル・ユゴーの言葉を借りるまでもなく、刑罰とは法律を具体化したものである。民主国家の成立する以前、法律は国家統治の〝道具〟だった。仏教には「仏法」という言葉はあっても、法律（立法）とは無縁だった。

仏教文化圏では死刑を廃止できないのではない。すでに述べたように、日本は九世紀から十二世紀にかけて、三百五十年にわたって死刑を廃止していた。仏教の誕生したインドでは、アショーカ王（在位・紀元前二九二年頃〜二六八年頃）の時代、死刑を廃止したといわれる。

残念ながら、仏教思想にもとづいた死刑廃止論は耳にしない。「慈悲の心」「命を大切に」などの一般論、抽象論でしか語られていない。『バイブル』を引用しながら、死刑廃止を説く僧すらいる。

それだけではない。仏教は死刑を執行する側に〝利用〟されてきた。仏教教誨で思い出すのは、『平家物語』である。三百五十年ぶりに死刑を復活させた「保元の乱」（一一五六年＝保元元年）からおよそ三十年、平氏は源氏と争って滅ぼされた。「祇園精舎の鐘の声、諸行無常の響きあり」――平家敗北の道筋を綴った『平家物語』の冒頭部は、あまりに有名だ。

「保元の乱」で異例の出世をした清盛は、太政大臣従一位に取り立てられた。最高権力者の地位に昇りつめた清盛が病死して数年、勢いを増した源氏の軍勢は、西の果てまで平家一門を追い詰める。壇の浦合戦（一一八五年三月）で敗北。頭目にと担いだわずか八歳の安徳天皇は、母に抱かれて入水自殺した。清盛の弟・敦盛、息子の知盛ら一族の多くは戦死ないし捕らえられた。平氏の血を引く捕虜は、ことごとく処刑された。その一人、宗盛が処刑される場面をみよう。

宗盛は知盛の兄である。天皇の外戚で内大臣の職にあった宗盛は、「大臣殿」と呼ばれていた。彼は息子・清宗ともども、京から源氏方の根城である鎌倉へ連れていかれた。再び京へ戻る途中、近江の国篠原で親子は引き離された。いよいよ処刑である。源氏方は京の大原まで人を飛ばして、僧を探してきた。

「西国で海のもくずとなるべき身を、生きながらとらえられ、京鎌倉に恥をさらしたのは、ひとえに息子のため。たとえ首をはねられようと、一つムシロに横たわれると思っていたのに、生きながら引き裂かれるとは情けない」

と、さめざめと泣く宗盛に僧は言った。

「身分の高きもいやしきも、恩愛の道は絶ちがたい。息子さんのことを思うのはもっともですが、ご一門のご栄華は古来まれ。大臣の位に就かれ、いままたかかる御目にあわされたのも前世の宿業。過ぎ去ってみればただの夢。生あるものは必ず滅ぶ。お釈迦さまでさえ死をまぬがれなかったのです。いまは念仏往生以外のことはお考えにならぬことです」

宗盛は西方に向かって手を合わせ、声高らかに念仏を唱えながら首を斬られる。

斬首にあたって源氏方は、僧に仏法を説かせる。宗盛一人に限らず、「これで往生できる」と法悦のうちに死んでいく。前掲『教誨指針』の伝えるエピソードを思い出さないだろうか。教誨を受けた死刑囚は、「深々と合掌し晴々とした声で、『ありがとうございました。お先に失礼します。それではお願いします』と念仏の声もろ共執行される」という。『平家物語』の時代と、どれほどの違いがあろう。

現代にいたって、なおあからさまになる。

第一次佐藤栄作内閣の法務大臣だった田中伊三次（在任・一九六六年十二月～六七年十一月）は、大臣室に法務担当記者を呼びつけて、「ただいま、二十三通の死刑執行命令書にサインした」と、つぎのように語っている。

「部下のあげてくる書類はすべて決裁しおわった。まだ、近日中に多少決裁を求めてくるかもしれないが……。私がこういう決断を下したのは、これが法務大臣の職だからです。歴代の法務大臣の中には、ついに在任中一回もサインしなかった人もいるが、私は法律家（弁護士）だから、法の命ずるところにしたがった。犯人がにくいからじゃない。一に被害者の霊魂を救う道はなにかを考え、国家刑政の立場から、罪を犯した人間は人間らしく最後の責任を自分でとれと念じて、机の上に母からもらった高さ三寸のお釈迦さまの誕生仏を置き、左手にジュズ、右手に赤エンピツを持ち、約一分黙禱し、念仏を唱えつつサインするのです」（村野薫編著『日本の死刑』柘植書房）

明治以降、日本の権力サイドは、自らの〝救済〟に宗教を利用した。明治に入ると、それを法で裏づける。「受刑者ニハ教誨ヲ施ス可シ」とわざわざ法で定め、死刑囚に教誨をほどこしたのも、自身が救われるためだった。ここには、「日本人の宗教的無知」だけでは片づけられない問題が潜んでいる。

二〇〇一年四月、総理に就任した小泉純一郎は、「来る八月十五日、靖国神社を公式参拝する」と発言して、物議をかもし出した。野党はもちろん、自民党内部からも反対意見が続出。韓国や中国を中心に、外国でも批判の声が上がった。すったもんだのあげく、八月十三日に参拝した。翌二〇〇二年四月、小泉はふたたび靖国神社へ出かけた。総理の靖国参拝問題は、今後長らく尾を引くだろう。

明治以降一九四五年八月十五日の敗戦まで、日本は「天皇を中心とする神の国」だった。明治新政府は天皇を生きた神（現人神）と位置づけて、国づくりに乗り出した。監獄法の規定とあわせてすでにみたように、祝祭日は天皇家の祭祀（皇室神道）と結びつけ、各学校へ天皇の写真（「御真影」と呼ばれた）を配して、朝夕礼拝させた。

さらにまた、各家庭は神棚を造り、天皇家の祭神とされる天照大神を祀らなければならなかった。それどころか、「国民儀礼」といって、「宮城（皇居）遙拝」「御真影礼拝」「（天皇家の）神社参拝」「君が代斉唱」など、国民の守らなければならない「儀礼」として強制した。従わなければ「不穏分子」とみなされ、捜査当局は徹底的に取り締まった。この国の民は望むと望まないとにかかわらず、天皇を絶対とする「天皇教」の信者にされた。

靖国神社もまた、「天皇教」を広める施設にほかならない。明治以降、天皇のために戦って死んだ者は、「神」として合祀された。「天皇教」の全盛時代だけでなく、戦後、東京裁判（極東軍事裁判）で有罪判決を受けた東條英機ら戦争犯罪人も、「神」として祀られている。だからこそ、中国や韓国は怒りをあらわにしたのである。「天皇教」の怖さは簡単に記しようがない。関心のある方は、拙著『昭和天皇下の事件簿』（現代書館）をお読みいただきたい。昭和期に入ってからでも、およそ二百五十件の天皇関連事件が起きている。

ここでのテーマに話を戻すと、国家権力による宗教の強制を反省して、戦後、憲法は信教の自由を保障するとともに、国及び国家機関の宗教教育、宗教行為、ならびに、宗教団体・宗教組織に対する公金の使用を禁じた。これらの権利規定は、いまやすっかり骨抜きにされた。靖国神社を参拝した総理も、小泉が初めてではない。〝宗教事件〟はたびたび起きている。前掲書を参照していただきたい。「天皇教」が勢力を保っているあいだ、他のいかなる宗教も、死刑制度を変える力は持ちえない。「天皇教」は宗教の顔をした国家統治のシステムであり、人民支配を唯一の目的にしている。そして、人民支配に刑罰は欠かせない。刑罰とは権力者(施政者)が権力を維持し、人民を支配するためにあみ出した〝道具〟なのである。

いまの政治には死刑制度を変える力はない。日本は何もかもアメリカ追随である。アメリカが死刑を廃止しない限り、日本は廃止できないだろう。おそらく、〝最後の一国〟になるのではあるまいか。すぐには役に立たないかもしれないけれど、仏教者は宗派を超えて、仏教に根づいた死刑廃止論を構築していただきたい。法務大臣の田中伊三次は記者団に、「机の上にお釈迦さまの誕生仏を置き、左手にジュズ、右手に赤エンピツを持って約一分黙禱し、念仏を唱えつつ『死刑執行命令書』にサインする」旨語っていた。死刑執行者を〝救済〟する役に使われた釈迦は、さぞ嘆いているだろう。

このような発言がまかり通っているのは、日本の仏教はこれまで、死刑を執行する側に加担してきたからである。しかし、信者の精神的支えにならず、「葬式仏教」であり続ける限り、死刑廃止論の構築など、望むべくもないだろう。

あとがき

二〇〇二年一月二十二日、弁護士の遠藤誠さんが亡くなった。優れた仏教徒でもあった遠藤さんは、『般若心経』(現代書館)、『法華経を読む』(三一書房)など、仏教に根づいた著作を数多く著していた。昨年、『道元「禅」とは何か』第五巻(現代書館)を執筆。出版パーティの準備も整った矢先の死だった。「本書ができあがったら、遠藤さんところへお持ちして、意見をうかがいたい」と考えていたわたしには、二重、三重に悔やまれた。

遠藤さんは死刑事件をいくつも手がけていた。「はじめに」で紹介した「永山事件」の差戻し審で、永山則夫さんの弁護人をつとめていた。高裁の最終弁論だったろうか。裁判官に向かって、「お前たちは永山少年を殺すのか」と迫った遠藤さんの気迫あふれる表情は、いまでも忘れられない。

「帝銀事件」の元被告人、平沢貞通さんの再審弁護人でもあった。「帝銀事件」は五十年余り前におきた銀行強盗殺人事件である。特殊な毒薬によって、十二名もの行員が毒殺されるという史上まれに見る大事件だった。薬学はおろか、医学知識のまったく持ち合わせていない画家の平沢さんが、犯人に仕立てあげられた。詳しくは遠藤著『帝銀事件の全貌と平沢貞通』(現代書館)を、お読みいただこう。遠藤さんこそ、死刑と宗教(仏教)について筆をとるべき人だった。お会いできたら、生意気なようだが、「仏教を機軸に、死刑とは何かをとらえ返してほしい」と口説くつもりだった。

　正直いって、本書のテーマはわたしには重すぎた。それにもかかわらず、取り組んだのは、死刑をめぐる一つの現実として、レポートしないではいられなかったからである。本文のくり返しになるが、死刑囚の大半は教誨を受けている。「受刑者（死刑囚）に教誨を施すべし」と説く監獄法にもとづいて、監獄当局は教誨を受ける死刑囚に、最大限の便宜をはかっている。

「人間金庫」と呼ばれる独居房へ拘禁され、殺されるためにのみ生かされている死刑囚にとって、心の支えとなるものは欠かせない。しかし、憲法は国家機関による宗教活動、宗教教育を全面的に禁じている。そして、教誨師はややもすれば、死刑囚を死刑台へ導く役割を果たしている。このような現実を、あなたはいかにとらえるのか？　単に（あえて、単にというのだが）、死刑問題、宗教問題という枠の中へ押し込めないで、社会のあり方の問題として考えていただきたい。本書はそのきっかけにはなるはずだ、と自負している。

　本書の一部は『創価新報』に連載した。文中に掲載した写真は、友人の梶浦大作さんに撮影していただいた。上梓するにあたって、今回もまた現代書館の菊地泰博さんに労をおかけした。この場をお借りして、お礼を申し上げたい。

二〇〇二年七月

佐藤友之

著者略歴

佐藤友之（さとう・ともゆき）
一九六〇年　東京経済大学卒。雑誌記者などを経て、現在フリーのジャーナリスト。著書に、『死刑囚の一日』『死刑囚の妻』『死刑囚のうた』『〈新版〉ドキュメント　精神鑑定』『昭和天皇下の事件簿』（以上、現代書館）、『日本の監獄』『弁護士の内幕』（以上、三一書房）、『「政治国家」幻想』（学文社）など多数。

死刑と宗教

二〇〇二年八月十日　第一版第一刷発行

著　者　佐藤友之
発行者　菊地泰博
発行所　株式会社　現代書館
東京都千代田区飯田橋三―二―五
郵便番号　102-0072
電　話　03（3221）1321
FAX　03（3262）5906
振　替　00120-3-83725
組　版　一ツ橋電植
印刷所　平河工業社（本文）
東光印刷所（カバー）
製本所　矢嶋製本

制作協力／岩田純子

ISBN4-7684-6831-4
定価はカバーに表示してあります。乱丁・落丁本はおとりかえいたします。
http://www.gendaishokan.co.jp/